四川省重点出版规划项目

再创辉煌：中国晚期石窟的代表

大足石窟

刘长久 著

电子科技大学出版社
University of Electronic Science and Technology of China Press
·成都·

图书在版编目（CIP）数据

大足石窟/刘长久著.——成都：电子科技大学出版社，2021.9
（再创辉煌：中国晚期石窟的代表）
ISBN 978-7-5647-8384-6

Ⅰ.①大… Ⅱ.①刘… Ⅲ.①大足石窟-图集 Ⅳ.①K879.272

中国版本图书馆CIP数据核字（2020）第204003号

再创辉煌：中国晚期石窟的代表
ZAICHUANG HUIHUANG: ZHONGGUO WANQI SHIKU DE DAIBIAO

大足石窟
DAZU SHIKU

刘长久　著
李代才　摄

策划编辑	郭蜀燕
责任编辑	郭蜀燕
装帧设计	经典记忆
出版发行	电子科技大学出版社
	成都市一环路东一段159号电子信息产业大厦九楼　邮编610051
主　页	www.uestcp.com.cn
服务电话	028-83203399
邮购电话	028-83201495
印　刷	成都市金雅迪彩色印刷有限公司
成品尺寸	260mm×330mm
印　张	32.5
字　数	240千字
版　次	2021年9月第一版
印　次	2021年9月第一次印刷
书　号	ISBN 978-7-5647-8384-6
定　价	780.00元

版权所有，侵权必究

目录 CONTENTS

002 绪　论　佛教石窟造像从印度到中国
　　002　　一、印度无佛像时代
　　004　　二、印度佛像时代的犍陀罗与马图拉石雕艺术
　　007　　三、中国佛教石雕艺术

015 大足石窟概述

026 北山摩崖造像

028　图1　北山佛湾第180号普贤神变窟　北宋政和六年至宣和四年（1116—1122）
028　图2　北山佛湾第180号普贤神变窟右壁造像　北宋政和六年至宣和四年（1116—1122）
030　图3　北山佛湾第180号普贤神变窟右壁数珠手观音像　北宋政和六年至宣和四年（1116—1122）
031　图4　北山佛湾第180号普贤神变窟右壁如意观音像　北宋政和六年至宣和四年（1116—1122）
032　图5　北山佛湾第180号普贤神变窟左壁净瓶观音、宝印观音像　北宋政和六年至宣和四年（1116—1122）
033　图6　北山佛湾第180号普贤神变窟左壁造像　北宋政和六年至宣和四年（1116—1122）
035　图7　北山佛湾第113号水月观音龛　南宋
035　图8　北山佛湾第176号弥勒下生经变窟　北宋靖康元年（1126）
036　图9　北山佛湾第176号弥勒下生经变窟右壁造像　北宋靖康元年（1126）

037	图10	北山佛湾第176号弥勒下生经变窟左壁造像	北宋靖康元年（1126）
038	图11	北山佛湾第155号孔雀明王窟	北宋靖康元年（1126）
040	图12	北山佛湾第149号如意轮观音窟正壁造像	南宋建炎二年（1128）
042	图13	北山佛湾第136号转轮经藏窟全景图	南宋绍兴十二年至十六年（1142—1146）
044	图14	北山佛湾第136号转轮经藏窟转轮藏	南宋绍兴十二年至十六年（1142—1146）
046	图15	北山佛湾第136号转轮经藏窟转轮藏嬉戏儿童	南宋绍兴十二年至十六年（1142—1146）
048	图16	北山佛湾第136号转轮经藏窟数珠手观音	南宋绍兴十二年至十六年（1142—1146）
049	图17	北山佛湾第136号转轮经藏窟白衣观音像	南宋绍兴十二年至十六年（1142—1146）
050	图18	北山佛湾第136号转轮经藏窟不空羂索观音像	南宋绍兴十二年至十六年（1142—1146）
050	图19	北山佛湾第136号转轮经藏窟不空羂索观音头像	南宋绍兴十二年至十六年（1142—1146）
052	图20	北山佛湾第136号转轮经藏窟不空羂索观音右侧女侍者像	南宋绍兴十二年至十六年（1142—1146）
053	图21	北山佛湾第136号转轮经藏窟不空羂索观音左侧男侍者像	南宋绍兴十二年至十六年（1142—1146）
054	图22	北山佛湾第136号转轮经藏窟宝印观音	南宋绍兴十二年至十六年（1142—1146）
055	图23	北山佛湾第136号转轮经藏窟宝印观音右侧女侍者	南宋绍兴十二年至十六年（1142—1146）
055	图24	北山佛湾第136号转轮经藏窟宝印观音左侧男侍者	南宋绍兴十二年至十六年（1142—1146）
057	图25	北山佛湾第136号转轮经藏窟普贤菩萨像	南宋绍兴十二年至十六年（1142—1146）
057	图26	北山佛湾第136号转轮经藏窟牵象奴	南宋绍兴十二年至十六年（1142—1146）
059	图27	北山佛湾第136号转轮经藏窟文殊菩萨像	南宋绍兴十二年至十六年（1142—1146）
059	图28	北山佛湾第136号转轮经藏窟驭狮者	南宋绍兴十二年至十六年（1142—1146）
061	图29	北山佛湾第136号转轮经藏窟净瓶观音像	南宋绍兴十二年至十六年（1142—1146）
061	图30	北山佛湾第136号转轮经藏窟释迦牟尼说法像	南宋绍兴十二年至十六年（1142—1146）
062	图31	北山佛湾第177号泗州大圣窟	北宋靖康元年（1126）
064	图32	北山佛湾第112号释迦多宝佛龛左侧释迦佛像	南宋
067	图33	北山佛湾第125号数珠手观音像	南宋
067	图34	北山佛湾第130号摩利支天龛	南宋
069	图35	北山佛湾第130号摩利支天龛右壁金刚	南宋
069	图36	北山佛湾第130号摩利支天龛左壁金刚	南宋
070	图37	北山佛湾第169号大威德金轮炽盛光佛	北宋
070	图38	北山佛湾第133号水月观音窟	南宋
072	图39	北山佛湾第133号水月观音窟右壁金刚	南宋
072	图40	北山佛湾第133号水月观音窟左壁金刚	南宋

074

宝顶山摩崖造像

076	图41	宝顶山大佛湾第2号九护法神像　南宋
078	图42	宝顶山大佛湾第3号六道轮回图　南宋
081	图43	宝顶山大佛湾第4号广大宝楼阁图　南宋
083	图44	宝顶山大佛湾第5号华严三圣龛　南宋
084	图45	宝顶山大佛湾第8号千手观音龛　南宋
086	图46	宝顶山大佛湾第11号释迦涅槃图　南宋
088	图47	宝顶山大佛湾第11号释迦涅槃图天王与弟子像局部　南宋
091	图48	宝顶山大佛湾第11号释迦涅槃图弟子像局部　南宋
093	图49	宝顶山大佛湾第11号释迦涅槃图弟子罗睺罗半身像　南宋
093	图50	宝顶山大佛湾第11号释迦涅槃图帝释天半身像　南宋
094	图51	宝顶山大佛湾第11号释迦涅槃图顶上佛母及其眷属像　南宋
096	图52	宝顶山大佛湾第12号九龙浴太子图　南宋
100	图53	宝顶山大佛湾第14号毗卢洞毗卢遮那佛像　南宋
102	图54	宝顶山大佛湾第14号毗卢洞右壁造像　南宋
102	图55	宝顶山大佛湾第14号毗卢洞左壁造像　南宋
105	图56	宝顶山大佛湾第15号父母恩重经变图　南宋
106	图57	宝顶山大佛湾第15号父母恩重经变投佛祈求嗣息　南宋
107	图58	宝顶山大佛湾第15号父母恩重经变第一怀胎守护恩　南宋
108	图59	宝顶山大佛湾第15号父母恩重经变第二临产受苦恩　南宋
108	图60	宝顶山大佛湾第15号父母恩重经变第三生子忘忧恩　南宋
110	图61	宝顶山大佛湾第15号父母恩重经变第五推干就湿恩　南宋
111	图62	宝顶山大佛湾第15号父母恩重经变第四咽苦吐甘恩、第六乳哺养育恩　南宋
112	图63	宝顶山大佛湾第15号父母恩重经变第九远行忆念恩　南宋
112	图64	宝顶山大佛湾第15号父母恩重经变第十究竟怜悯恩　南宋
114	图65	宝顶山大佛湾第16号雷音图　南宋
116	图66	宝顶山大佛湾第17号大方便佛报恩经变　南宋
118	图67	宝顶山大佛湾第17号大方便佛报恩经变六师外道谤佛不孝　南宋
120	图68	宝顶山大佛湾第17号大方便佛报恩经变大孝释迦佛亲担父王棺　南宋
123	图69	宝顶山大佛湾第17号大方便佛报恩经变吹笛女　南宋

124	图70	宝顶山大佛湾第18号观无量寿经变　南宋
127	图71	宝顶山大佛湾第19号缚心猿锁六耗图　南宋
128	图72	宝顶山大佛湾第20号地狱变　南宋
130	图73	宝顶山大佛湾第20号地狱变十王之平正大王像　南宋
131	图74	宝顶山大佛湾第20号地狱变十王之太山大王像　南宋
132	图75	宝顶山大佛湾第20号地狱变十王阎罗天子像　南宋
132	图76	宝顶山大佛湾第20号地狱变刀山地狱　南宋
134	图77	宝顶山大佛湾第20号地狱变镬汤地狱　南宋
137	图78	宝顶山大佛湾第20号地狱变寒冰地狱　南宋
139	图79	宝顶山大佛湾第20号地狱变锯解地狱　南宋
140	图80	宝顶山大佛湾第20号地狱变铁床地狱　南宋
142	图81	宝顶山大佛湾第20号地狱变截膝地狱　南宋
143	图82	宝顶山大佛湾第20号地狱变沽酒图　南宋
145	图83	宝顶山大佛湾第20号地狱变醉酒图夫妻不识　南宋
145	图84	宝顶山大佛湾第20号地狱变醉酒图兄弟不识　南宋
146	图85	宝顶山大佛湾第20号地狱变醉酒图姊妹不识　南宋
147	图86	宝顶山大佛湾第20号地狱变醉酒图淫母弑父　南宋
148	图87	宝顶山大佛湾第20号地狱变刀船地狱　南宋
148	图88	宝顶山大佛湾第20号地狱变刀船地狱养鸡女　南宋
150	图89	宝顶山大佛湾第20号地狱变黑暗地狱下层赵智凤像　南宋
152	图90	宝顶山大佛湾第20号地狱变粪秽地狱　南宋
153	图91	宝顶山大佛湾第20号地狱变铁轮地狱之一　南宋
154	图92	宝顶山大佛湾第21号柳本尊行化十迹图　南宋
157	图93	宝顶山大佛湾第21号柳本尊行化十迹图柳本尊像　南宋
158	图94	宝顶山大佛湾第21号柳本尊行化十迹图第一炼指　南宋
160	图95	宝顶山大佛湾第21号柳本尊行化十迹图第二立雪　南宋
162	图96	宝顶山大佛湾第21号柳本尊行化十迹图第三炼踝　南宋
164	图97	宝顶山大佛湾第21号柳本尊行化十迹图第四剜眼　南宋
166	图98	宝顶山大佛湾第21号柳本尊行化十迹图第五割耳　南宋
168	图99	宝顶山大佛湾第21号柳本尊行化十迹图第六炼心　南宋
170	图100	宝顶山大佛湾第21号柳本尊行化十迹图第七炼顶　南宋
172	图101	宝顶山大佛湾第21号柳本尊行化十迹图第八舍臂　南宋

174	图102	宝顶山大佛湾第21号柳本尊行化十迹图第九炼阴　南宋
176	图103	宝顶山大佛湾第21号柳本尊行化十迹图第十炼膝　南宋
179	图104	宝顶山大佛湾第30号牧牛图　南宋
181	图105	宝顶山大佛湾第30号牧牛图第一组未牧　南宋
182	图106	宝顶山大佛湾第30号牧牛图第二组初调　南宋
183	图107	宝顶山大佛湾第30号牧牛图第三组受制　南宋
184	图108	宝顶山大佛湾第30号牧牛图第四组回首　南宋
186	图109	宝顶山大佛湾第30号牧牛图第五组驯服、第六组无碍　南宋
187	图110	宝顶山大佛湾第30号牧牛图第七组任运　南宋
188	图111	宝顶山大佛湾第30号牧牛图第八组相忘　南宋
189	图112	宝顶山大佛湾第30号牧牛图第九组独照　南宋
191	图113	宝顶山大佛湾第30号牧牛图第十组双泯　南宋
192	图114	宝顶山大佛湾第29号圆觉道场全景　南宋
194	图115	宝顶山大佛湾第22号十大明王龛马首明王像　南宋
195	图116	宝顶山大佛湾第22号十大明王龛降三世明王像　南宋
201	图117	宝顶山大佛湾第22号十大明王龛不动金刚明王像　南宋
201	图118	宝顶山大佛湾第22号十大明王龛大威德明王像　南宋
202	图119	宝顶山大佛湾第22号十大明王龛大火头明王像　南宋
203	图120	宝顶山大佛湾第22号十大明王龛大秽迹金刚明王　南宋
204	图121	宝顶山大佛湾第22号十大明王龛大笑金刚明王　南宋
205	图122	宝顶山大佛湾第22号十大明王龛无能胜金刚明王　南宋
206	图123	宝顶山大佛湾第22号十大明王龛大轮金刚明王　南宋
206	图124	宝顶山大佛湾第22号十大明王龛步掷金刚明王　南宋

208

南山摩崖造像

211	图125	南山第5号三清洞正面造像　南宋
212	图126	南山第5号三清洞三清像　南宋
213	图127	南山第5号三清洞360应感天尊　南宋
214	图128	南山第5号三清洞玉帝巡游图　南宋
214	图129	南山第5号三清洞春龙起蛰图　南宋

216

石门山摩崖造像

219	图130	石门山第2号玉皇大帝龛　南宋绍兴十七年（1147）
221	图131	石门山第2号玉皇大帝龛千里眼、顺风耳　南宋绍兴十七年（1147）
223	图132	石门山第6号西方三圣与十圣观音　南宋绍兴十一年（1141）
224	图133	石门山第6号西方三圣与十圣观音右壁造像　南宋绍兴十一年（1141）
225	图134	石门山第6号西方三圣与十圣观音左壁造像　南宋绍兴十一年（1141）
227	图135	石门山第7号五显大帝　南宋
229	图136	石门山第8号孔雀明王经变窟　南宋
230	图137	石门山第9号诃利帝母龛　南宋
231	图138	石门山第10号三皇洞　南宋
232	图139	石门山第10号三皇洞三皇像　南宋
232	图140	石门山第10号三皇洞左壁真武大帝像　南宋
234	图141	石门山第10号三皇洞左壁护法神将　南宋
234	图142	石门山第10号三皇洞右壁护法神将　南宋
236	图143	石门山第10号三皇洞左壁文官像　南宋
237	图144	石门山第10号三皇洞天曹判官像　南宋
238	图145	石门山第11号东岳大生宝忏变　南宋

240

石篆山摩崖造像

242	图146	石篆山第6号孔子及十哲像龛　北宋元祐三年（1088）
244	图147	石篆山第6号孔子及十哲像龛局部　北宋元祐三年（1088）
244	图148	石篆山第2号志公龛　北宋
246	图149	石篆山第8号老君龛　北宋元丰六年（1083）
247	图150	石篆山第9号地狱与十王龛　北宋绍圣三年（1096）

248　后记

绪论
佛教石窟造像从印度到中国

  石窟寺（Grotto temples），简称石窟，起源于印度，初为僧人的居所和集会处，后发展为两种窟形：一是"毗诃罗"（Vihara，意为僧房，供禅行用），二是"支提"（Chaitya，意为塔庙，供僧人和信众礼拜用）。除佛教外，耆那教和印度教均开凿有石窟寺。两汉之际，佛教传入中国，佛教艺术随之而影响中土。约3世纪，中国兴起开凿石窟寺之风，早期除沿袭古印度的毗诃罗窟和支提窟外，后逐渐发展为塔庙窟（有中心柱的）、佛殿堂（无中心柱的）、僧房窟、大像窟、佛塔窟、禅窟以及摩崖造像等形制。

  自汉魏至明清，中国凿窟造像之风绵延不断。佛教开先河，道教受之影响。其题材内容之丰富，雕塑技法之多样，地域分布之广泛，造像数量之众多，已大大超越发祥地之印度。

1 2

1.印度阿旃陀石窟支提窟
2.印度阿旃陀石窟毗诃罗窟

一、印度无佛像时代

印度佛教石窟艺术不仅对中国佛教石窟艺术的形成和发展产生了巨大的影响，而且对亚洲信仰佛教的诸国也有重大影响。从公元前6世纪佛教开创直至1世纪是原始佛教和部派佛教时期。

佛陀在世时，反对偶像崇拜，并经常告诫众弟子：要坚持正法，维护正法，努力修行，勇猛精进，觉悟成道；不然的话，即使天天见到佛陀，也难成就正果。因此，在佛陀住世和去世后的500年间没有佛像出现。

原始佛教和部派佛教虽然对教义和戒律存在不同意见，但对佛陀的崇敬却是一致的。他们希冀礼拜佛陀偶像，囿于佛陀"无常"（一切事物都不是固定不变的）和"无我"（个体的存在是暂时的）说，加之在他们心目中至高无上的佛陀岂能用凡人的形象来塑造，如原始佛教经典《增一阿含经》卷二十一"苦乐品第二十九"所说，"如来（即佛陀）身者，不可造作""不可摸则，不可言长言短"。因此，只能用物来象征佛陀的存在。如用菩提树象征佛陀成道，用法轮象征佛陀说法，用足迹象征佛陀传教，用塔象征佛陀涅槃，等等。这种不出现佛陀形象，以物暗喻的无佛像崇拜，史称"无佛像时代"。

自19世纪以来，以亚历山大·康宁汉（Alexander Cunningham，1814—1893）为代表的英国考古学家先后发掘出不少无佛像时代的遗迹，如巴尔胡特大塔栏楯、菩提伽耶石刻栏楯、桑奇大塔、阿玛拉瓦提大塔等。这些多为公元前2世纪或公元前1世纪营造的，其上雕刻的题材内容主要是佛本生故事（佛陀前世为菩萨的500余个故事）、佛传故事（佛陀生平故事）及花草动物等装饰。凡涉及佛陀的雕刻，均无佛陀形象只以物象征。从这些遗留下来的较完整或大多数残件中可以见出雕刻艺术之精湛，足以作为无佛像时代的遗迹代表。

巴尔胡特大塔（Bharhut Stupa）遗址在今印度中央邦萨特纳县城南约15公里的巴尔胡特村，于1873年被亚历山大·康宁汉发现并主持发掘。本来在20.7米直径的塔基上竖有80根高约2.15米的围栏，以及东南西北四座塔门，因保护不力，先后被人劫去作为建筑材料。1875年才将残留的部分围栏和塔门移至加尔各答印度博物馆内复原展出。

1	4 5
2	
3	

1. 印度阿旃陀石窟外景
2. 印度埃罗拉石窟外景
3. 印度桑奇大塔北门正面
4. 印度桑奇大塔礼拜菩提树　1世纪
5. 佛足　1世纪　现藏加尔各答印度博物馆

  从残存门柱上的铭文获知，巴尔胡特大塔建于巽伽王朝（Shunga Dynasty）时期，为公元前150年至公元前100年。首先，其围栏和立柱上的浮雕题材以佛本生故事居多，如鲁鲁本生（即九色鹿本生）、大猕猴本生、鹌鹑本生、独角仙人本生等；其次是佛传故事题材，如从三十三天降凡、托胎灵梦、帝释窟说法、祇园布施等；再就是表现民间信仰的题材，如药叉（男性生殖精灵）、药叉女（女性生殖精灵）、丰收女神、树神、幸福女神等。装饰纹样多以莲花为主。

  菩提伽耶（又译作"佛陀伽耶"，Bodh Gaya），在今印度比哈尔邦加雅城南约8公里，是佛陀在一棵菩提树下证道成佛的地方。公元前1世纪，巽伽王朝用红砂石围绕菩提树建了一道方形围栏，在立柱上雕有佛本生故事和佛传故事，跟巴尔胡特围栏和立柱上采用一图多景不同，它是采用一图一景式构图，且生动自然。除此方形围栏外，有的残件浮雕现藏于加尔各答印度博物馆和菩提伽耶博物馆内。

  桑奇大塔（Sanchi Stupa），在今印度中央邦首府博帕尔（Bhopal）的比尔萨西南约8公里。1851年，英国考古学家将此编为1、2、3号，这里所说的桑奇大塔即指第1号。初为小砖塔，后经巽伽王朝和安达罗王朝（Andra Dynasty）不断增建，始具今日所见之规模。现存有完整的塔基、覆钵式塔身、平头围栏伞柱、三层伞盖、两重绕塔步道、两重绕塔栏楯、四座塔门（东西南北）。四门各面浮雕有精美纹饰（以莲花为主）、祈祷丰收之神夜叉、佛陀象征物，如三宝（佛、法、僧）标、法轮（象征佛初转法轮）、七塔和圣树（象征过去七佛）、二象灌水莲花女（象征佛诞生）、菩提树（象征佛成道）、塔（象征佛涅槃）、佛传故事（无佛形象，只以物象征佛陀存在）等。四门以南门建造最早，以北门保存最好。大塔塔门雕刻堪称印度无佛像时代的杰作。

  阿玛拉瓦提大塔（Amaravati Stupa），原址在今印度安得拉邦贡土尔（Guntur）县城约29公里的克里希纳河下游南岸。始建于公元前2世纪，后经2世纪安达罗时代增修扩建，气势雄伟。18世纪时因人拆毁塔石烧制石灰，致使大塔倒塌。19世纪至20世纪初，考古学家在原址发掘出土了500余件白绿色石灰石浮雕，现藏于印度马德拉斯政府博物馆和英国伦敦不列颠博物馆。从浮雕《妇女礼佛》中可以见出典型的阿玛拉瓦提无佛像时代的艺术风格即人物造型曲线柔美，动态生动活泼，显示出南印度阿玛拉瓦提佛教艺术本土化的审美追求。

二、印度佛像时代的犍陀罗与马图拉石雕艺术

1世纪，崛起的大乘佛教主张"多佛""菩萨行"及"人人都能成佛"等思想，鼓吹"造像功德"说，为进入"佛像时代"鸣锣开道。印度佛教石雕艺术出现了许多流派，如犍陀罗、马图拉（旧译"秣菟罗"）、阿玛拉瓦提、萨尔纳特等派，影响最大的莫过于犍陀罗和马图拉两大流派。

犍陀罗（Gandhara），是古代印度十六国之一。辖境相当于今天的巴基斯坦西北地区与阿富汗东部，首都建在今巴基斯坦的白沙瓦。犍陀罗佛教石雕艺术受希腊雕刻艺术影响，主要盛行于贵霜王朝（Kushan Dynasty，1—3世纪）时期。

自19世纪以来，人们相继在布色用逻伐底古城周围的伽蓝废址，白沙瓦近郊的迦腻色迦窣堵坡遗址、旁遮普的坦叉始罗、喀布尔河流的一些废址等，发掘出了许多犍陀罗佛教石雕艺术珍品。这些珍品现分别藏于印度、巴基斯坦、英国、法国、德国、美国、日本等国的一些博物馆中。犍陀罗佛教石雕中的佛像以希腊神话中的太阳神阿波罗形象为参照，其艺术表现在颜面特征的造型美学原则和写实的技巧两个大的方面。从犍陀罗佛像的颜面特征和发式看，脸形为椭圆形，细密的波纹发式，半月形的细长眉毛，眉间有白毫，深深的眼窝，大眼而上眼皮微垂形成弓形，前额平直，高鼻梁，薄嘴唇，短人中，丰满的下颚。可以说，除了眉间白毫外，其他的特征都是模仿希腊雕刻的面部造型表现手法。犍陀罗佛像雕刻中最常见的是佛陀右手施无畏印，左手施与愿印，身着通肩式袈裟，衣纹厚重，呈"U"字形，头后附有平板圆轮形头光，这种简朴的头光表现形式是犍陀罗佛像的典型特征。

宗教圣地马图拉（Mathura）在贵霜王朝时期也是一个商业名城，处于东西方文化交汇的要冲，地位仅次于犍陀罗。它虽然地处中印度，但靠近犍陀罗，其佛教造像的风气，应当说是在犍陀罗制作佛像思想的影响下形成的。

1	2	3	4	5
				6

1. 尸毗王本生故事　2世纪　印度阿玛拉瓦提
2. 苦修中的佛陀　犍陀罗　2世纪　现藏加尔各答印度博物馆
3. 佛陀与信徒　犍陀罗　2世纪　现藏加尔各答印度博物馆
4. 佛立像　马图拉　笈多时代　5世纪　现藏印度马图拉政府博物馆
5. 马图拉佛立像　2世纪　现藏印度马图拉政府博物馆
6. 佛立像　笈多时代　5世纪　现藏印度马图拉政府博物馆

初期的马图拉佛像体魄强壮，雄姿威武，双脚齐肩宽叉开站立；左手屈压腰间，身着右袒式袈裟，腰间系带，左手挽住袈裟下摆；面型丰圆，弓眉，目睁，唇厚，嘴角微微上翘，头顶既无肉髻也无波纹形发式，光头，只是浅浅地刻有一道发际线，颈部有两道折痕；袈裟紧贴肉体，质地很薄；衣纹细密，多呈平行状，下身衣纹似为弧形阴刻线构成，与犍陀罗派的佛像风格迥异。因为其佛像雕刻的样本不是以希腊阿波罗神像为参照，而是以马图拉传统的祈丰收之神男夜叉强壮有力的形象来塑造的。

2世纪以后，佛像多为身着右袒式袈裟，轻薄如蝉翼，透体似湿衣贴身，衣纹呈平行状（到笈多时代佛像更是薄纱透体，几乎无衣纹）；颜面呈方圆形，眉细长，眉梢略上挑，睁目大眼，鼻直唇厚，下颚短而丰圆，两耳肥大。光头，顶以右旋高螺髻代"顶上肉髻"，颈有两道（或三道）折痕；佛陀头后的圆形头光由素面变成浮雕，有莲瓣纹、忍冬纹、连珠纹、火焰纹等繁丽头光。

到了笈多王朝时代，马图拉佛教石雕艺术愈趋成熟，全然印度化。从此，笈多时代的佛教石雕艺术以崭新的面貌，进入了古代印度艺术发展的黄金时代。这时的马图拉已经成为全印度佛教艺术的中心，似乎也成了佛像制作的基地，佛像制作好后，纷纷运往各地。

笈多时代的马图拉佛教雕刻（亦称"笈多式"雕刻），以5世纪的作品为其鼎盛期的代表。这些作品主要出土于马图拉地区和萨尔纳特地区，现藏于马图拉、鹿野苑、新德里等地的博物馆中。使用的材料以黄斑红砂石为主，兼有浅灰色砂石。其代表作有佛陀头像（马图拉地区族达出土，现藏马图拉政府博物馆）、佛陀立像（马图拉地区贾马尔普尔出土，现藏马图拉政府博物馆）、佛陀立像（现藏马图拉政府博物馆）、佛陀立像（现藏鹿野苑博物馆）、佛陀立像（现藏鹿野苑博物馆）、佛陀初转法轮像（现藏鹿野苑博物馆）等。

此外，在不属于贵霜王朝统辖的南印度的安达罗时代出现了阿玛拉瓦提佛教石雕艺术，与马图拉佛教石雕艺术一样都是本土风格，可惜保存下来的佛像极少。不过，阿玛拉瓦提佛教石雕艺术对斯里兰卡佛教石雕艺术影响颇大。

犍陀罗和马图拉两派的雕刻艺术，不仅在印度佛教石雕艺术史上占有极其重要的地位，而且对中国佛教石雕艺术的形成和发展，以及日本和东南亚各国的佛教石雕艺术，都影响很大。

1	3
2	4

1. 马图拉佛头像　笈多时代　5世纪　现藏印度马图拉政府博物馆
2. 弥勒菩萨像　5世纪　印度萨尔纳特
3. 文殊菩萨像　7—8世纪　印度乌达耶吉里
4. 观世音菩萨像　9—10世纪　印度那烂陀

三、中国佛教石雕艺术

两汉之际，佛教传入中土。初始传播的范围仅限于上层社会，并且士人阶层将佛教混同于黄老道术和神仙方术。因此，才会出现"诵黄老之微言，尚浮屠之仁祠"（《后汉书》卷四十二"楚王英"）。20世纪在四川、湖北、山东、江苏等地出土的东汉晚期至三国时期墓室门楣浮雕、画像石、摇钱树座铜钱树干、铜带扣、铜镜、陶制魂罐等上的佛像，均为墓室或明器上的装饰，其功用是祈祷冥福，而非以像教化。由此说明，在东汉至三国时期尚未形成独立的且具有严格意义的佛教造像形制。

中国佛教石雕造像艺术的正式展开，应当说是在魏晋南北朝时期。东晋时期既是佛画高手又是佛教雕塑大家的戴逵，为佛教造像中国化开了先河。戴逵不拘泥于印度佛像规制而趋于民族化，加之与其子戴颙的共同努力，确立了"二戴像制"，为佛教造像的日益中国化奠定了基石。

南北朝的170年间，形成了中国历史上南北对峙的局面。就佛教造像而言，由于当时佛教形成了"北禅南义"的格局，即北方重视禅观修行，着力于建寺造像、修功德、讲业报；南方特重佛教经义的解疏，因此，北朝石窟造像及各种单体造像都远胜于南朝。尽管如此，但南朝宋、齐间的"秀骨清像"风格，却给北朝佛教造像以重要影响，并成为南北朝佛教石雕造像的主要审美特征。同时，北齐曹仲达所创作的佛像被称为"曹家样"，对北朝佛教石雕造像也有很大影响。"其体稠叠"，而"衣服紧窄"的"曹衣出水"造型特征，在北朝佛教石雕造像中屡见不鲜。就佛教石雕造像而言，分布于甘肃炳灵寺、麦积山，山西云冈、天龙山，河南龙门，河北响堂山等，北朝作品既多且精美，北朝单体佛教造像散落民间和流失海外的多不胜数。

南朝梁释慧皎《高僧传》卷第十一"齐京师建寺释僧祐"载："祐为性巧思，能目准计，及匠人依标，尺寸无爽。故光宅、摄山大像，剡县石佛等，并请祐经始，准画仪则。"这里所说的南朝齐、梁间僧祐主持建造的光宅寺大像（金铜佛像）、摄山（今江苏南京市栖霞山千佛崖）大像（无量寿佛石龛像）和剡县（今浙江新昌县西南）石佛（弥勒大佛像），前者已不存，后两者见在，是南朝时期的大型石雕造像。南京栖霞山千佛崖石雕造像是中国现存唯一的南朝石窟，开凿于南朝齐永明二年（484），南朝梁时续造。可惜的是该处造像风化和人为破坏严重，大部分已失原貌。在现存的294个龛窟中，南朝石雕造像为数较少，绝大多为唐代石雕造像和明代隆庆年以后补刻的造像。现存南朝佛教石雕造像较多且精美者在四川，而且南朝宋、齐、梁、陈时期均有，多系南朝时以成都为中心的寺院中所供奉的单体石雕或造像碑。其中纪年最早的是清末在成都万佛寺废址出土的南朝宋元嘉二年（425）的《净土变》（现藏法国），最晚者为1987年在成都童子街出土的南朝陈光大年间（567—568）的石雕佛像（现藏成都市博物馆）。

1	4	6
2	5	7
3		

1. 四川乐山麻浩崖墓榨堂门楣浮雕佛坐像　东汉
2. 山东青州龙兴寺一佛二菩萨背屏式造像　北齐
3. 四川成都万佛寺遗址出土背屏式造像　南朝梁中大同三年（实为太清二年，548）
4. 河南洛阳龙门莲花洞　北魏
5. 河南洛阳龙门奉先寺卢舍那大佛　唐
6. 四川广元皇泽寺第28号一佛二弟子二菩萨二力士龛　唐
7. 四川广元千佛崖第366号菩提瑞像窟　唐景云元年至太极元年（710—712）

北齐和北周时期，佛教石雕造像的规模虽不如前期，但造型审美特征却有所改变，如佛和菩萨的面相已不再是"秀骨清像""面如恨，刻削为容仪"，而是面短而方，臂胛也不再是削肩，而是宽肥，衣纹也不及前期那样密集，雕刻手法也逐渐由前期的直平阶梯式衣纹变成半圆起突的阶梯式衣纹，甚至出现紧身贴体无衣纹的受印度笈多式佛像影响的造像。北齐和北周的佛教造像主要见存于北方中原石窟和散落民间与流失海外的一些单体佛像。

隋代历时虽短，但大肆营建寺塔，修经造像。由于各种历史原因，现存隋代佛教造像不是很多。今天尚可从甘肃麦积山，山西天龙山，山东济南玉函山、青州驼山、云门山，四川广元、巴中等石窟见到一些隋代佛教造像，此外还有散落于民间和流失海外的部分单体佛像。其艺术风格，总体上承继了北齐、北周佛教造像的遗韵，如佛、菩萨面相或方圆，或长圆，佛低平磨光头髻，身躯宽厚，平胸，头、手比例稍大，衣纹疏简等。总之，隋代"雕铸灵像，图写真形"已开始透露出摆脱梵像范式而向中国作风过渡的曙光。

唐代是政治统一、文化融合的开放时代，也是中国佛教造像艺术最辉煌的时代。初唐伊始，沿袭隋制。"贞观之治"和武周崇佛，促进了佛教造像中国化的成熟，形成了以"丰肌为体"的时代审美风尚。"开元之治"使唐代步入了国富民强的太平盛世。儒、释、道文化的多元发展，文学、艺术的空前繁荣，使佛教造像艺术在"人物丰腴，肌胜于骨"的造型审美特征的基础上，建构出雍容典雅、装饰华丽、恢宏壮阔的盛唐气象。

特别是开元年间，佛教造像艺术可谓登峰造极，题材多样而丰富，除重复以往显宗的释迦说法、二佛并坐、佛国净土以及单尊的佛、菩萨等像外，经变造像大量增加，如涅槃变、地狱变、维摩变、药师变、观经变、观音变等。尤其是"开元三大士"（印度僧人善无畏、金刚智、不空）弘传密宗后出现了前所未有的各种密宗造像，如毗卢遮那佛、五方佛、药师佛、地藏、多臂观音（如意轮观音、十一面观音、千手千眼观音等）、孔雀明王、十大明王、八大明王、摩诃迦逻（大黑天神）、毗沙门天王、金刚力士等等。此外，盛唐时期兴造弥勒大佛成风，尤以巴蜀居多，其中以乐山大佛最为著名。

"安史之乱"使李唐王朝由盛而衰。中唐虽然抚平了创痛，但藩镇割据、朋党之争日盛，李唐王朝内忧外患，矛盾重重，企图"中兴"和光复盛世的幻想破灭。尽管如此，由于禅宗倡导的生活化、世俗化以及儒、释、道合流总趋势的形成，"入于儒，出于道，逃于佛"成为文人士大夫追求的人格理想，文化出现了裂变。中唐的佛教造像艺术虽无盛唐那样气势恢宏、装饰繁丽的风范，但仍不失丰富多彩的审美意趣。如《唐国史补》中说："大历之风尚浮，贞元之风尚荡，元和之风尚怪。"由于社会动荡不安，北方、中原佛教石窟造像逐渐凋敝，并向相对稳定的长江流域和南方转移。晚唐藩镇割据、朋党之争愈演愈烈，加之黄巢起事，烽烟四起，李唐王朝摇摇欲坠。同时，武宗废佛，焚寺毁像，使北方、中原的佛教石窟造像更是一蹶不振。

1. 四川巴中南龛第83龛双头瑞像　唐
2. 四川乐山凌云山弥勒大佛　唐
3. 云南剑川石钟山石钟寺区第6号八大明王堂（局部）　南诏时期
4. 四川邛崃花置寺第4号一佛二弟子二菩萨二力士　唐
5. 四川安岳圆觉洞第65号毗沙门天王龛　五代

1│3
─┼─
 │2

1.重庆大足北山佛湾第136号转轮经藏窟不空羂索观音　南宋
2.四川资中东岩第2号释迦佛拈花微笑龛　南宋
3.四川安岳毗卢洞第5号观音经变　北宋

在这种夕阳西下、日暮途穷的颓势下,独有巴蜀大地出现了夕阳晚照、落日余晖。巴蜀中、晚唐佛教造像艺术的兴盛,与玄、僖二宗避蜀,文人艺匠、高僧大德纷纷入川带来的契机有关。

五代十国是中国大分裂、大动荡的时代,相对而言,巴蜀和南唐还算是"净土"。五代佛教造像主要见于巴蜀的安岳和大足,以及浙江杭州西湖石窟,除晚唐已经出现的题材外,新增的题材多为药师净土变以及十六罗汉、尊胜陀罗尼经幢造像等。其造像艺术风格基本上是晚唐审美风范的余韵,没有出新。

入宋后,在儒、释、道合流的总趋势下,佛教人间化使人们愈加追求"现世福报"。为了适应这种社会思潮,佛教造像的神性化锐减而世俗化倾向浓郁,以典雅、阴柔、内向、细腻、写实作为该时代的主要审美特征。

赵宋王朝平定西川后,把社会较安定和经济较繁荣的四川作为人力、财力、物力供应的大后方,无疑对巴蜀佛教造像艺术走向极盛期创造了有利条件。其中尤以安岳、大足两地的宋代佛教石刻造像最为突出。除大量反映佛密内容的造像外,特别是反映蜀地密宗人物柳本尊内容的造像,具有浓郁的地方特色和极高的研究价值。此外,安岳、大足等地出现的佛道合龛、三教会同题材的造像,凿造于南宋时期的大足宝顶山以密宗为主的石窟造像群,在中国宋代石刻造像中特别显著。巴蜀宋代石窟造像自成体系、艺术精绝,堪称中国晚期石窟的代表。

云南中晚唐至宋代的石窟与摩崖造像,反映了南诏和大理国的佛教艺术发展轨迹。就石雕艺术水平而言,虽然不及巴蜀同期的石窟与摩崖造像,甚至不及陕西延安宋代石窟造像,但是云南石窟与摩崖造像中独有的滇密阿吒力教和本主崇拜题材的造像,却显示出其他地方不能替代的民族艺术特色。

元代佛教造像在一段时间处于停滞状态,现存以浙江杭州飞来峰元代造像最多,主要为西方三圣、观音、普贤、四臂观音、摩利支天、救度佛母、多闻天王等,受藏传佛教影响;其次是西湖紫阳山南宝成寺内的元至治二年(1322)左卫亲军都指挥使伯家奴(另作伯嘉努)所造麻曷葛剌(即大黑天神)像、三世佛像等。此外,重庆合川濮岩寺、龙多山也有元泰定三年(1326)、致和元年(1328)的造像,也受藏传佛教影响。这与元以降藏传佛教传入汉地有关。

明清以来,在文学与艺术中出现了复古和仿古倾向,加之美术重心转移到绘画和工艺,除培修、妆彩、贴金佛像活动较盛外,凿龛造像较少,多为模仿唐宋时期的佛、菩萨造像,且大多刻工粗劣。单体造像以释迦佛、阿弥陀佛、滴水观音、送子观音、大肚弥勒等为多。

历史的变迁,时代的更迭,中国佛教石雕艺术不会因时间流逝而褪色,它那不朽的艺术魅力永远闪烁着熠熠光华。

1. 浙江杭州飞来峰弥勒佛 元
2. 四川泸县玉蟾山九龙浴太子 明
3. 贵州习水望仙台第5号左侧佛像 清

注:绪论配图由刘长久摄影

大足石窟概述

大足县正式建制是在唐朝乾元元年（758），与此同时建制的昌州治所也设在大足县龙岗镇。为何称为"大足"？据明代曹学佺《蜀中广记》所说，所谓"大足"，一是取其大丰大足之意，二是相传宝顶山有巨人足迹。五代、两宋时期大足沿袭旧称。元代至元二十二年（1285）撤昌州，先以昌元县、永川县并入大足县，后又撤大足县，入合川铜梁县。明代大足县改属重庆府。清代康熙元年（1662）并大足县入荣昌县；雍正六年（1728）复置大足县，仍属重庆府管辖。辛亥革命后，大足县属川东道；1935年，四川省实施行政督察区制，大足县属四川省第三行政督察区管辖。1950年起，大足县属四川省永川地区管辖。1983年，撤销永川地区，大足县隶属四川省重庆市。1997年3月重庆市从四川省划出成立国家直辖市，大足县仍为重庆市管辖，现改为重庆市大足区。

大足石窟分布

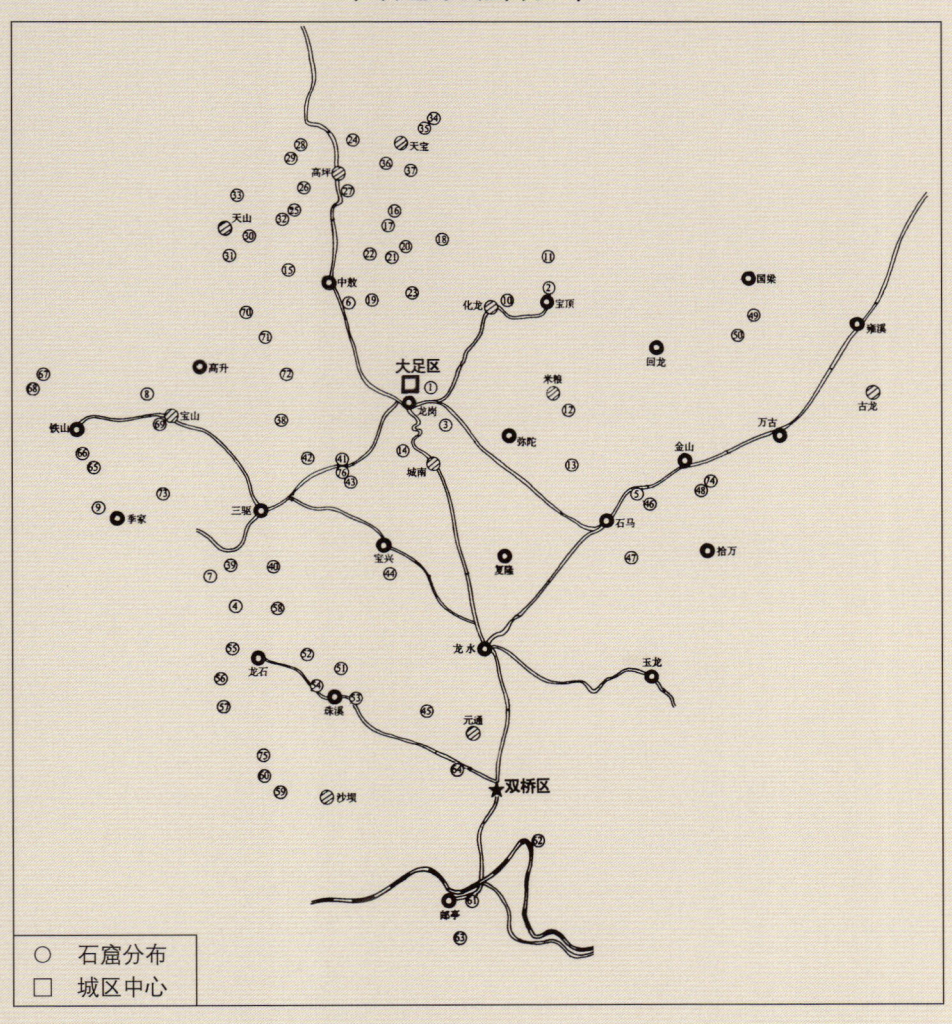

全国重点文物保护单位
1. 北山摩崖造像
2. 宝顶山摩崖造像
3. 南山摩崖造像
4. 石篆山摩崖造像
5. 石门山摩崖造像

重庆市文物保护单位
6. 舒成岩摩崖造像
7. 千佛岩摩崖造像
8. 尖山子摩崖造像
9. 妙高山摩崖造像

大足区文物保护单位
化龙乡
10. 东岳庙摩崖造像
宝顶镇
11. 龙神村摩崖造像
米粮乡
12. 塔耳山摩崖造像
弥陀镇
13. 全佛岩摩崖造像
城南乡
14. 大石佛寺摩崖造像
中敖镇
15. 板昌沟摩崖造像
16. 柿花村摩崖造像
17. 玉皇庙摩崖造像
18. 普圣庙摩崖造像
19. 龙凤山摩崖造像
20. 麻杨村摩崖造像
21. 雷公咀摩崖造像
22. 卫平村摩崖造像
23. 三存岩摩崖造像

高坪乡
24. 九龙村摩崖造像
25. 老君庙摩崖造像
26. 石佛寺摩崖造像
27. 九蹬桥摩崖造像
28. 玄顶桥摩崖造像
29. 梓桐沟摩崖造像

天山乡
30. 峰山寺摩崖造像
31. 斗碗寨摩崖造像
32. 桂花庙摩崖造像
33. 潮水寺摩崖造像

天宝乡
34. 光明殿摩崖造像
35. 眠牛石摩崖造像
36. 石壁寺摩崖造像
37. 新兴村摩崖造像

三驱镇
38. 老佛洞摩崖造像
39. 新南村摩崖造像
40. 兴隆庵摩崖造像

宝兴镇
41. 青果村摩崖造像
42. 灵岩寺摩崖造像
43. 天星村摩崖造像
44. 三教寺摩崖造像

龙水镇
45. 新农村摩崖造像

石马镇
46. 真武祖师摩崖造像
47. 多宝寺摩崖造像

金山镇
48. 陈家岩摩崖造像

国梁镇
49. 双山寺摩崖造像
50. 白岩寺摩崖造像

珠溪镇
51. 玉滩摩崖造像
52. 佛安桥摩崖造像
53. 七拱桥摩崖造像
54. 半边寺摩崖造像

龙石镇
55. 七佛岩摩崖造像
56. 张家庙摩崖造像
57. 保家村摩崖造像
58. 青山院摩崖造像

沙坝乡
59. 灵角寺摩崖造像
60. 朝阳洞摩崖造像

邮亭镇
61. 西沟村摩崖造像
62. 佛耳岩摩崖造像
63. 普和寺摩崖造像

元通乡
64. 佛耳岩摩崖造像

铁山镇
65. 无量寺石刻
66. 大佛寺石刻
67. 星火村摩崖造像
68. 福兴寺摩崖造像

宝山乡
69. 桂香村摩崖造像

高升镇
70. 圣水寺摩崖造像
71. 先进村摩崖造像
72. 前进村摩崖造像

季家镇
73. 宝丰寺石刻
74. 佛耳岩摩崖造像
75. 写字岩摩崖题刻

　　大足石窟分布于大足区所属的 28 个镇、乡境内，据大足区文物部门迄今为止的普查统计结果，已列为各级文物保护单位的石窟点共 75 处，造像总数达 5 万余躯。其中，属全国重点文物保护单位共 5 处：北山、宝顶山、南山、石门山、石篆山；属重庆市文物保护单位共 4 处：妙高山、舒成岩、尖佛子、千佛岩；其余 66 处属大足区文物保护单位。

　　现存造像时代最早的是尖山子石窟，为初唐永徽年间（650—655）所造的弥勒说法图龛；时代最晚的是九龙村石窟，为 1945 年所造的道教龛像。可见大足石窟造像艺术已有 1300 余年的历史。1999 年 12 月 1 日，大足石窟被列入"世界遗产名录"。

　　大足石窟恍若镌刻在石头上的一部地方文化史，虽然以宗教内容为主，但从生动的图像和丰富的镌刻铭文中，人们可以见出在大足各个时代的政治、经济、军事、宗教、伦理、艺术、科技、民俗等诸多方面的历史状况以及不同时代的社会生活面貌和审美意识。

　　大足石窟中的唐代石刻造像，主要见于北山佛湾，现存均是晚唐时期开凿的。其题材有毗沙门天王、释迦牟尼佛、千手观音、观音与地藏、阿弥陀佛与观音和地藏、三世佛、观无量寿经变等。

　　任何一种宗教都不同程度地利用艺术作为图解义理、让人归信的大众传播方式，较以语言文字为载体的经、律、论典籍或讲经说法更直截了当。被中国称为"像教"的佛教也许在世界各种宗教中是最善于利用艺术进行直观教化的。

大足石窟造像艺术是巴蜀文化的瑰宝，集中体现了唐、五代、两宋时期大足地区的宗教信仰和社会思潮，同时也反映出不同时期的审美意识和追求。

　　总体观之，大足石窟中的唐代造像（主要为晚唐时期）规模小、数量少，说明尚处于初创阶段。至五代前、后蜀时期，大足石窟造像已较兴盛，就其数量和艺术精美而言，在中国现存五代石窟造像艺术中堪称佼佼者，到了两宋时期，大足石窟造像已成鼎盛之势，不仅造像数量在历代大足石窟造像中最多，而且造像题材内容更加丰富多彩，雕刻技法和艺术处理更娴熟精美，艺术与科学的结合也相当巧妙。可以说，无论在中国美术史、中国雕塑史，或是中国石窟艺术史的著述中，无一不举凡宋代大足石窟造像艺术，以此说明其艺术价值和重要地位。南宋以后，大足石窟造像艺术逐渐衰微，明清时即使有少量相对较好的作品，如千佛岩第7号西方净土变龛等，但在题材的内容和艺术表现方面尚未脱出宋代或宋代以前的窠臼，缺乏新的创意。不过，从近1300年的大足石窟造像艺术史中，我们可以见出从宗教的神性化到民间的世俗化，从艺术审美的民族化到地方化的嬗变。大足石窟中的晚唐造像虽然数量不多，但雕刻技巧和艺术处理相当精湛。从北山佛

```
1
2 3
```

1. 大足尖山子第7号弥勒说法龛　唐永徽元年（650）
2. 大足北山佛湾第5号毗沙门天王龛　唐末
3. 大足北山佛湾第52号阿弥陀佛与观音、地藏龛　唐末

湾第5号毗沙门天王、第9号千手观音、第10号释迦牟尼佛、第245号观无量寿经变等龛中，可以见出"人物丰腴，肌胜于骨"的造型审美特征，只是没有盛唐造像那样雍容典雅。又可见出在对称、均衡的惯常布局中所表现出的细微变化，以及依据果位所确立的主从、尊卑、高下、大小的比例尺度，这种审美意识源自于中国宗法等级名分思想。此外，对形象和衣饰的精雕细刻，在立体的块面中使用圆刀、平刀互用，并大量地辅之以线刻，充分体现出中国传统造型艺术以线条为主的审美意趣。特别是第245号观无量寿经变龛雕刻艺术之精美和整体构成的堂而皇之，堪称中国晚唐造像同类题材之上乘。总的来说，大足石窟晚唐造像已呈现出从宗教神性化向民间世俗化的渐进，同时也为后来大足石窟造像写实风格的形成奠定了坚实的基础。

五代十国时期，社会动荡不安，巴蜀和江南相对安定。巴蜀以安岳、大足的五代中窟造像为最多；其次在资中、蒲江、遂宁、乐至、合川等地亦有零星五代造像。仅就大足石窟而言，五代造像主要集中在北山佛湾，有百余龛，保存较完好的约占三分之一，其余皆风化残毁。除晚唐时期已经出现过的造像题材外，新增的题材多为药师净土变、单尊地藏菩萨、不空羂索观音、水月观音、十六罗汉、尊胜陀罗尼经幢等。其造像艺术风格基本上是晚唐审美风范的余韵，没有出新。不过，在窟龛形式上却不完全同于晚唐以方形平顶龛为主，而是多为双重龛，即双重龛门，内龛门左右上角加有雀替，龛均较小。正因为龛小则造像相对较小，大都不是盈尺，这也是五代石窟的一大特点。究其原因，盖出于造像施主财力不支和动荡不安的心绪，要么为旧像妆彩，了个心愿；要么在原有的造

1	2	1.大足北山佛湾第9号千手观音龛　唐末
		2.大足北山佛湾第245号观无量寿经变龛　唐末

像龛群间见缝插针凿一小龛,造上自己所要供奉的佛和菩萨像,以求追荐亡灵或保佑家人平安,希冀来世福报。对于造像工匠来说,一是受人之托,必尽心尽力;二是造像可积功德,岂敢亵渎神灵。因此,造像虽小也得细心镌刻。所以,五代造像的特点自然是小而精致。

首先,两宋时期的大足石窟造像,仍以佛教题材为主,显密内容均有,除沿袭宋代以前已有的题材外,密宗造像题材大量增加,特别是反映巴蜀密宗人物柳本尊行化内容的造像,具有浓郁的地方特色和较高的研究价值。其次,北宋元丰、绍圣年间在大足石篆山、石门山、舒成岩等石窟中出现的道教题材造像,为宋代的大足石窟造像增添了异彩。巴蜀是道教的发祥地,也是我国道教造像最多的地区,与大足毗连的潼南有隋代道教造像、邻近的安岳有唐代道教造像,况且大足南宋时期的道教造像又多出于安岳文氏工匠之手。因此,潼南、安岳的道教造像之风必然会给大足宋代道教造像的勃兴带来不同程度的影响。再者,由于宋代统治者对佛、道的扶持以及儒、释、道合流思潮的盛行,在大足石窟中也出现一些表现佛道共

处和儒、释、道三教会同的龛像。值得一提的是大足石篆山石窟第6号孔子及十哲像窟，表现儒家创始人孔子及其十位高足（颜回、闵损、冉雍、言偃、端木赐、仲由、冉耕、宰我、冉求、卜商）的造像，在巴蜀石窟造像中仅此一例。纵观两宋时期大足石窟，北宋时的造像主要见于北山佛湾和石篆山等处，其数量也不是很多，从有纪年的造像来看，最早为北宋至道年间（995—997），如北山佛湾第249号观音、地藏龛，最晚为北宋靖康元年（1126），如北山佛湾第155号孔雀明王窟、第176号弥勒下生经变窟等。南宋时期大足石窟造像最为兴盛，不仅造像数量多，而且题材内容最为丰富，雕刻艺术最为精美，造像世俗化最浓，地方性特征最强。

南宋时的造像主要见于北山、宝顶山、南山、石门山、妙高山、舒成岩、佛安桥、玉滩等处，其中尤以宝顶山石窟最具有代表性。其规模之大、内容之丰富、艺术之精湛，特别是以密宗题材为其主要特色，并融入显宗题材以及儒家思想的系统化造像布局，堪称中国石窟南宋佛教造像之最。

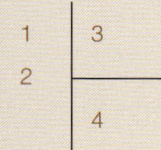

1. 大足北山佛湾第279号药师净土变龛　五代
2. 大足宝顶山石窟第30号牧牛图局部　南宋
3. 大足石篆山第6号孔子及十哲　北宋
4. 大足石篆山第8号老君龛　北宋

大足舒成岩第5号玉皇大帝龛　南宋

　　尽管宋代的历史略长于唐代的历史，但综合国力、对外开放和交流、宗教及其艺术均远逊色于唐代。由于赵宋王朝对北方异族的入侵采取妥协退让的态度，致使政权偏安南方，从而制定出"兴文教，抑武事"的政策，虽然对强兵不利，但客观上却推动了南方文化的发展。另一方面，由于一种思辨的新儒学"理学"的崛起，竭力标榜"文以载道"，借以发扬儒家道术，文学与艺术的理性色彩越来越重。同时在儒、释、道合流的总趋势下，佛教人间化使人们愈加追求"现世福报"，为了适应这种社会思潮，佛教造像艺术的世俗化和写实性便成为宋代造像的主要审美特征。由于程朱理学提倡"存天理，灭人欲"，主张"视听言动，非理不为""寡妇不能改嫁，只能守寡致死""饿死事极小，失节事极大"以及"格物致知、正心诚意、修齐治平"成为中国封建社会后期的统治思想，这也是自宋至清，保守封闭的重要原因之一。宋代的禁欲主义不仅扼杀人性，而且缠足、束胸更是使妇女地位空前下降。我们在大足宋代石窟造像中即可见到这种负面影响，如女性化菩萨即是蔽体平胸。总之，宋代是以典雅、阴柔、内向、细腻、写实为其时代审美特征的，这在大足宋代石窟造像艺术中体现得很充分。

　　凿造于南宋绍兴十二至十六年（1142—1146）的北山佛湾第136号转轮经藏窟是大足石窟中最精美的佳构，在中国同期作品中首屈一指。该窟造像出自于颍川（治所在今河南禹县）胥安之手，这位来自中原的艺匠以娴熟的雕刻技巧和高度写实的手法，细腻地镌刻出端庄典雅、阴柔含蓄的菩萨造像，衣冠纹饰精细入微，精工细琢的转轮藏变化多端，整窟布局严谨，造像主次分明，雕刻手法多样而统一，如此炉火纯青的艺术表现，足见南宋绍兴年间大足石窟造像已登峰造极。

大足妙高山第2号三教合一窟　南宋

如前所述，宝顶山石窟在整个大足石窟艺术中具有最显赫的地位。单就造像艺术的精美而言，宝顶山石窟不及北山石窟，但从造像题材内容的系统性和完整性来说，北山石窟又不如宝顶山石窟。显然宝顶山石窟造像题材内容的系统性、完整性，是有目的、有计划地按照大乘佛教的基本义理而营造的，并突出地表现密宗题材。

宝顶山石窟造像以释迦涅槃图为中心，表现出"常、乐、我、净"涅槃四德，永生常乐之硕大佛身，即是佛教全部修习所要达到的最高境界，同时又以佛传和本生故事颂扬了佛的功德。以第8号千手观音、第13号孔雀明王经变、第14号毗卢道场、第21号柳本尊十炼图、第22号十大明王等为代表的密宗造像，揭示出"六大"（地、水、火、风、空、识）缘起，色心不二，金胎为一，即身成佛的思想。此外，以"一真法界"（即真如佛性）为本，成就理、事"圆融无碍"的华严境界；以外境非有，内识非无，由迷而悟，由染而净的"唯识无境"；以"乘佛愿力"往生西方极乐世界的净土"易行道"；以心性本净，佛性本有，不立文字，见性成佛的禅门宗旨，等等。这些具有中国特质的佛教宗派均在宝顶山石窟造像中各领风骚。这既是利于僧侣观像修习和更好地领悟禅的义理，又助于教化和劝诫广大信众。廉价的"天国"门票诱惑着芸芸众生去追求来世的福报，恐惧的"六道轮回"和"地狱"威慑着善男信女去自省今生的作业，无非是让众生舍弃一切情欲和妄想，最终实现"圆觉"（圆满的灵觉，即真如佛性）。所以，第29号窟凿造成大型的"圆觉道场"。为了实现圆满的灵觉，众生必须时时调伏心意，使本心清净，犹如牧牛。因此，第30号雕刻了宏大场面的"牧牛图"。

佛教主张"怨亲平等",并无孝亲之说。但佛教要在中国立足,却又不能不受制于以儒家思想为主导的中国传统文化的约束,特别是儒、释、道三教融合的宋代,谁也不能违背代表纲常伦理的"天理"。因此,在宝顶山石窟造像中出现了15号父母恩重经变和第17号大方便佛报恩经变,这种以孝亲为题材的造像显然是援儒入佛的产物。第15号父母恩重经变,尤显内容的世俗化、艺术的民间化、审美的地方化,如此大型而生动的石刻造像,在中国其他石窟中极为鲜见。

综观大足石窟艺术，其雕刻手法除少数采用圆雕外，大多采用半圆雕、浅浮雕、减地平钑、剔地起突、透雕、线刻等手法。刀法随形体块面转折和质感而变化多端。神态表情的刻画随雕刻对象的不同，或写实，或含蓄，或夸张，或变形，生动活脱。特别是宋代造像，既依庄严妙相为粉本，又大量地融入了世俗化、民间化、生活化的审美意趣。在以本尊为中心的对称式布局中，追求寓变化于整一的艺术美感。此外，工匠们在选择造像地形、山石质地、防水避潮、岩檐支撑以及高大造像与观者视角相适应等方面，独出匠心，惨淡经营，以艺术与科学的结合，创造出了意想不到的奇妙效果。如宝顶山大佛湾第12号九龙浴太子图，工匠将岩顶涓流不息的泉水引入九龙口中吐出而沐浴太子，恍若天成，使观者无不为之赞叹。又如宝顶山大佛湾第5号华严三圣龛，三像均高7米，双手托塔，重达千斤，为防不坠，工匠用加长衣袖至膝部作为支撑重力，而视觉上又给人以广袖形态，由于重力分散而致使千年不坠。如此鬼斧神工的创意，在大足石窟中举不胜举。同时，也充分体现出古代工匠的智慧和创造力。

总之，大足石窟艺术不仅为中国传统雕刻艺术史谱写下了辉煌的篇章，而且也为中国宗教艺术的演变展示出了不同时代的审美取向。同时，也为今天的雕塑艺术的创作提供了有益的借鉴。

1	2	3
	4	

1. 大足南山第5号三清窟　南宋
2. 大足宝顶山大佛湾第23号三清像龛　清
3. 大足宝顶山大佛湾第24号道祖、山君龛　清
4. 大足宝顶山大佛湾第25号地母、玉皇龛　1915

北山摩崖造像

北山摩崖造像位于重庆市大足区城西北 2 公里处，
始刻于晚唐景福元年（892），至南宋绍兴年间（1131—1162）结束。
1961 年 3 月 4 日，被国务院公布为第一批全国重点文物保护单位。

北山摩崖造像共有造像近万尊，主要为世俗祈佛出资雕刻。

造像题材共 51 种，以当时流行的佛教人物故事为主。

它是佛教世俗化的产物，不同于中国早期石窟。
北山摩崖造像以雕刻精细、技艺高超、俊美典雅而著称于世，展示了
中国 8 世纪至 14 世纪时，民间佛教信仰及石刻艺术风格的发展变化。

▲ 图1　北山佛湾第180号普贤神变窟　北宋政和六年至宣和四年（1116—1122）

　　窟高375厘米，宽379厘米，深317厘米

　　在方形平顶窟中正壁刻普贤菩萨游戏坐于束腰金刚座上，头戴繁丽高花冠，面长削肩细腰，袒右肩，上着天衣，下系裙衩，胸部密饰璎珞，左手撑座，右手抚膝，座下有二小莲台。观音项后托圆形火焰背光，头顶上方悬有圆形如意宝盖。

　　左右侧壁各刻有六观音立像，窟右壁上方刻有题记一则："□门前令弟子邓惟明妆普见一身供养，乞愿一家安乐。政和六年十一月□□弟子邓惟明。"

　　据《华严经·十地品》："普见善眼诸善萨求见普贤大士，普贤即以神通力如其所应为现身色，令被一切菩萨众皆见普贤亲近如来，于此菩萨众中坐莲花座，一一菩萨众见此神变，其心踊跃，皆大欢喜，莫不顶礼。"可见该窟似应为"普贤神变"。（参见李巳生《大足石窟佛教造像》，载《中国石窟雕塑全集》卷7"大足"）这是大足石窟唯一的普贤神变题材的窟龛。

▶ 图2　北山佛湾第180号普贤神变窟右壁造像　北宋政和六年至宣和四年（1116—1122）

　　每像身高均为192厘米，肩宽39厘米

　　右壁造像，从内至外：（1）观音左手置腹前捧物（已残），右手胸前结印；（2）观音左手提净瓶，右手屈肘举杨枝，头上方有一菩萨坐于莲台上；（3）观音左手置腹前托如意珠（已残），右手微屈向前伸，掌心向外，头上方刻云朵上一象驮莲台，莲台上坐一菩萨；（4）观音双手捧如意，头上刻一菩萨坐于云托莲台上；（5）观音双手于胸前握数珠，头上方刻二朵并蒂莲，其上各坐一菩萨；（6）观音像（已风化），头上方有一立菩萨像（已毁）。

图3 北山佛湾第180号普贤神变窟右壁数珠手观音像 北宋政和六年至宣和四年（1116—1122）

数珠手观音面相清秀，头戴高花冠罩披风，耳垂串珠，发辫披肩，胸饰璎珞，身着U字领大衣，下着长裙，跣足立于莲台上，双手于胸前握数珠。项后有素面圆形头光。

图4 北山佛湾第180号普贤神变窟右壁如意观音像 北宋政和六年至宣和四年(1116—1122)

　　如意观音面相长圆,头戴高花冠,双耳戴串珠,胸饰璎珞,身着U字领大衣,下着长裙,跣足立于莲台上,双手于胸前捧如意。项后有素面圆形头光。

图5 北山佛湾第180号普贤神变窟左壁净瓶观音、宝印观音像 北宋政和六年至宣和四年（1116—1122）

净瓶观音面相秀媚，头戴高花冠，双耳戴串珠耳坠，胸饰璎珞，身着U字领大衣，下着长裙，跣足立于莲台上，左手下垂握净瓶，右手屈持杨枝。项后有素面圆形头光。

宝印观音与净瓶观音衣冠装束相同，只是右手当胸执宝印，左手屈肘握帛带。

图6　北山佛湾第180号普贤神变窟左壁造像　北宋政和六年至宣和四年（1116—1122）

左壁造像，从内至外：（1）观音双手于胸前捧钵；（2）观音双手交叉于腹前持罥索，头上方有长茎莲，其上一小菩萨坐于莲台上；（3）观音双手于腹前，右手提篮，左手托篮底，头上方祥云上有一狮托莲台，其上坐一菩萨；（4）观音左手握带，右手屈举玉印，头上方有一小菩萨坐于莲台上；（5）观音于腹前执小拂尘，右手托一短颈瓶，头上方有一荷叶，其上有三菩萨坐于莲台上；（6）观音像已风化残毁，头上方有一菩萨立像（已残毁）。

◀ 图7　北山佛湾第113号水月观音龛　南宋

龛高123厘米，宽85厘米，深95厘米

水月观音面相清秀（面部有所风化），头戴高花冠，从冠两侧放出二道毫光达于龛外，身着天衣，下着长裙，披帛绕肩臂飘垂于座前，满饰璎珞，左手撑座，右手置右膝外伸抬帛带。舒相坐（右腿跷于台座上，左脚下垂踏于小莲台上）于方台上，身后有素面大圆形背光。

▲ 图8　北山佛湾第176号弥勒下生经变窟　北宋靖康元年（1126）

窟高285厘米，宽195厘米，深225厘米

窟正中刻弥勒佛结跏趺坐于仰莲台上，台下刻三狮承座，两狮间开有小龛刻有乐伎，或拍板，或吹排箫。弥勒佛面相长圆，头有螺髻，身着U字大衣，内衣结带，右手置腹前结定印，右手抚膝，项后有圆形头光。头上方悬七宝楼华盖，左右有飞天。佛像身后左右刻有迦叶、阿难二弟子及数十位情态各一的人天之众。

图9　北山佛湾第176号弥勒下生经变窟右壁造像　北宋靖康元年（1126）

右壁分为三层：上层刻普贤结跏趺坐于白象托莲台上，其两侧各刻7排人天之众；中层刻化城和龙华树；下层刻有10身供养人像。

窟右外侧上方刻一题记："本州匠人伏元俊，男世能，镌弥勒泗州大圣，时丙午岁题。"意为昌州（治所在今大足）工匠伏元俊及儿子伏世能，雕刻弥勒下生经变窟、泗州大圣窟，靖康元年题。

该窟题材依据《弥勒下生经》。

图10　北山佛湾第176号弥勒下生经变窟左壁造像　北宋靖康元年（1126）

　　左壁造像分为三层：上层刻文殊（头残）结跏趺坐于青狮托莲台上，其两侧各刻6排人天之众；中层内侧刻化城及两棵龙华树；下层刻有数身供养人像（已风化模糊）。

图11　北山佛湾第155号孔雀明王窟　北宋靖康元年（1126）

　　窟高347厘米，宽290厘米，深603厘米

　　孔雀明王，具名"佛母大孔雀明王"，为一头四臂之菩萨形。该窟正中刻孔雀明王，面相长圆，双耳坠串珠，头戴高花冠，胸饰璎珞，上着天衣，下着裙，结跏趺坐于

孔雀承驮之莲台上，上两臂：左手托莲花，右手托俱缘果；下两臂：左手于复前执宝扇，握俱缘果（其果状似木瓜），右手于腹前持孔雀羽毛。窟正壁及左右两壁刻满千佛，巧妙的是由孔雀明王及所乘孔雀构成中心柱窟形。

孔雀明王莲台下方基座之左壁刻有一题记："丙午岁伏元俊、男世能、镌此一身。"

图12　北山佛湾第149号如意轮观音窟正壁造像　南宋建炎二年（1128）

　　窟高343厘米，宽322厘米，深346厘米

　　窟正中刻如意轮观音结跏趺坐于仰莲台上，座下有八角形覆莲束腰须弥座。该像端庄肃穆，头戴化佛高花冠，胸饰璎珞，身着天衣，左手执莲花负于左肩上，右手置胸前结印。项后有火焰纹圆形头光，身后有火焰纹圆形身光，头上方悬七宝盖。

龛外右壁上刻有题记一则："奉直大夫知军州事任宗易同恭人杜氏，发心镌造妆銮如意轮圣观音自在菩萨一龛，永为一方瞻仰。祈乞□□□□，干戈永息。时建炎二年四月。"

图13　北山佛湾第136号转轮经藏窟全景图　南宋绍兴十二年至十六年（1142—1146）

窟高405厘米，宽410厘米，深679厘米

该号由八角形转轮经藏由地及顶构成中心柱，这在大足石窟中极少有的。它是巴蜀石窟中雕刻艺术的精品，即使在中国石窟宋代佛教造像中也堪称上乘之作。

转轮经藏，佛教法器，为南朝萧梁时代的傅大士（本名傅翕，又称傅弘、善慧大士、鱼行大士、双林大士、东阳大士等）所创。作为佛教图书馆的藏经楼始于南北朝，因经目繁多，一排排书架陈列，傅大士为了方便阅读，便在义乌双林寺经楼中建一大型旋转书架存放经书，只要旋转即可检出所需之书。这种转轮藏法门对整个佛教界影响很大，后世寺院藏经楼多有仿效，并传入日本。

大足北山佛湾第136号即是南宋绍兴年间由河南颍川（今河南禹县）工匠胥安仿转轮经藏所造。他巧妙地将象征佛法常转的转轮经藏作为中心柱支撑窟顶，三壁设像，以便僧俗礼拜。该窟正壁大势至菩萨顶上刻有一题记："大势至菩萨迦叶阿难……经藏洞永世……瞻仰保寿年退佛……续增荣贵原……法轮常转，祈……舜晶惟明今者镌妆工毕，时以癸亥绍兴十三年二月十二日斋庆赞谨……颍川镌匠胥安。"以此可证之。

▶图14 北山佛湾第136号转轮经藏窟转轮藏 南宋绍兴十二年至十六年（1142—1146）

转轮经藏窟由地及顶，最下层为须弥山，山上刻一蟠龙首尾相接于正面。龙身承托一八角基座，座为八面形莲台，其侧面刻有栏杆，上下刻有数十名嬉戏儿童。盘上八角处有八根立柱，每柱上盘一条龙，龙头下祥云中各刻一女立像，或拱揖，或持物。

图15　北山佛湾第136号转轮经藏窟转轮藏嬉戏儿童　南宋绍兴十二年至十六年（1142—1146）

　　转轮藏龙柱下方栏板上刻有数十名儿童，或立，或坐，或趴，或卧，姿态各异，嬉戏不止。雕刻造型生动，从中见出儿童的天真烂漫和童趣。

图16 北山佛湾第136号转轮经藏窟数珠手观音
南宋绍兴十二年至十六年（1142—1146）

　　数珠手观音面相俊秀，头戴高花冠，顶放两道毫光，袒上身，披天衣，满饰璎珞，下着长裙，跣足立于仰莲台上。右手置腹前持念珠，左手把右手腕，项后有火焰纹圆形头光。

图17　北山佛湾第136号转轮经藏窟白衣观音像
南宋绍兴十二年至十六年（1142—1146）

　　白衣观音面相秀丽，头戴高花冠，外罩披风，上着天衣，满饰璎珞，下着长裙，跣足立于仰莲台上。双手置腹前捧摩尼珠，珠上放出一道毫光，飘绕至窟顶，项后有火焰纹头光。

▲ 图18　北山佛湾第136号转轮经藏窟不空羂索观音像
　　南宋绍兴十二年至十六年（1142—1146）

　　不空羂索观音面相丰腴，头戴高花冠，着天衣，胸密饰璎珞，披帛飘垂于座上，结跏趺坐于金刚座上。六臂：上两臂左右手分持日月，身后下两臂左手持长柄龙头斧，上缠有羂索，右手握长剑；前两臂左手置腹前捧钵，右手屈肘捻柳叶。项后有素面圆形头光及身光。金刚座正中下方刻一小人像（头已毁）单跪拱揖。

　　主像左下方刻一男侍者，右下方刻一女侍者。

▶ 图19　北山佛湾第136号转轮经藏窟不空羂索观音头像
　　南宋绍兴十二年至十六年（1142—1146）

　　头长52厘米

　　不空羂索观音头像雕刻手法细腻圆润，面相丰腴的造型吸收了唐代对女性形象审美的特征，尽管宋代中性形象的审美已与唐代的审美差异较大，但宋代佛雕造像为了凸显带有女性的菩萨形象之庄严华贵，也有所吸收和借鉴。

图20 北山佛湾第136号转轮经藏窟不空羂索观音右侧女侍者像 南宋绍兴十二年至十六年（1142—1146）

像高136厘米

位于不空羂索观音右侧的女侍者立像，面相丰圆，头披帛巾覆发髻，耳坠珠串，衣着对襟长衫，袖手。雕刻手法简洁明快。

图21 北山佛湾第136号转轮经藏窟不空羂索观音左侧男侍者像 南宋绍兴十二年至十六年（1142—1146）

位于不空羂索观音左侧的男侍者立像，长眉隆颊，口微启若有所思，头戴披风，身着交襟长袍，左右屈肘持拂尘，右手当胸竖二指。

图22 北山佛湾第136号转轮经藏窟宝印观音 南宋绍兴十二年至十六年（1142—1146）

像坐高140厘米，肩宽60厘米，通高（含座）231厘米

宝印观音面相丰圆，头戴高花冠，胸饰璎珞，身着褒衣博带式天衣，内衣结带，左手握带置于膝上，右手当胸举宝印，结跏趺坐于束腰金刚座上。项后有素面圆形头光及身光。座之左侧立男侍者，右侧立女侍者。

图23　北山佛湾第136号转轮经藏窟宝印观音右侧女侍者
南宋绍兴十二年至十六年（1142—1146）

像高122厘米，肩宽29厘米

女侍者面相丰圆，头戴凤冠金钗，身着圆领大衫，披坎肩，垂丝带，脚穿云头鞋，双手当胸捧物而立。

图24　北山佛湾第136号转轮经藏窟宝印观音左侧男侍者
南宋绍兴十二年至十六年（1142—1146）

像高123厘米，肩宽32厘米

男侍者，面相丰圆，头戴方冠，身着圆领大衫，足蹬履，双手握经卷而立。

◀ 图25　北山佛湾第136号转轮经藏窟普贤菩萨像　南宋绍兴十二年至十六年（1142—1146）

像坐高100厘米，肩宽40厘米，象高97厘米，身长157厘米

普贤面相清秀，目光下视，头戴方形高花冠，身着褒衣博带，胸饰璎珞，左手抚小腿，右手执如意，结跏趺坐于象驮之仰莲台上，项后有火焰纹圆形头光及身后之火焰纹圆形背光。象头回顾，其旁有牵象奴。

▲ 图26　北山佛湾第136号转轮经藏窟牵象奴　南宋绍兴十二年至十六年（1142—1146）

像高109厘米，肩宽38厘米

牵象奴面相方圆，竖眉豹眼，体魄健壮，头扎巾，身着圆领窄袖衫，双脚分立，双手紧勒牵象的缰绳，形象塑造得十分威武、剽悍。

◀ 图27 北山佛湾第136号转轮经藏窟文殊菩萨像 南宋绍兴十二年至十六年（1142—1146）

　　像坐高90厘米，肩宽40厘米，狮高97厘米，身长146厘米
　　文殊面相方圆，双目微闭，头戴方形高花冠，身着褒衣博带，胸饰璎珞，左手握经卷，右手置胸前结印，结跏趺坐于狮驮之仰莲台上，项后有火焰纹圆形头光及身后之火焰纹圆形背光。狮立如柱，昂首作吼状，其右旁立一驭狮者。

▲ 图28 北山佛湾第136号转轮经藏窟驭狮者 南宋绍兴十二年至十六年（1142—1146）

　　像高108厘米，肩宽38厘米
　　驭狮者面相方正，狮鼻豹眼，怒目切齿，长髯呈鱼尾状，顶盔贯甲，足蹬靴，双手置腹前紧握缰绳。

◀ 图29 北山佛湾第136号转轮经藏窟净瓶观音像
　　南宋绍兴十二年至十六年（1142—1146）

　　像高191厘米，肩宽45厘米
　　该像位于该窟中心柱后正壁释迦牟尼佛像左侧。观音面相丰圆，头戴高花冠，身着褒衣博带，满饰繁丽璎珞，跣足立于仰莲台上，左手置腹前提净瓶，右手当胸拈杨枝，项后有火焰纹、圆形头光及圆形身光。

▲ 图30　北山佛湾第136号转轮经藏窟释迦牟尼说法像
　　南宋绍兴十二年至十六年（1142—1146）

　　坐身高150厘米，肩宽72厘米
　　该像位于中心柱后正壁中部，释迦牟尼面相丰圆，头有螺髻，身着U字领大衣，双手当胸结说法印，结跏趺坐于双层仰莲台上。项后有双重圆形头光和身光。佛头顶化出二道毫光。佛像左侧侍立弟子迦叶，右侧侍立弟子阿难。

图31　北山佛湾第177号泗州大圣窟　北宋靖康元年（1126）

　　窟高287厘米，宽220厘米，深254厘米

　　泗州大圣面相丰圆，头戴披风，身着交领僧衣，外罩圆领大衣，袖手拱揖，置于三脚夹轼上，结跏趺坐于高方台上。其左侧有一青年侍者双手持锡杖，右侧亦有一青年侍者双手捧净瓶。两侍者均于泗州大圣靠椅后左右露半身。

　　该窟左壁外刻有一题记："丙午岁伏元俊镌记。""丙午岁"即北宋靖康元年（1126）。

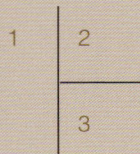

1.四川夹江千佛岩第91号泗州大圣窟　唐
2.重庆江津高坪石佛寺第4号泗州大圣龛　南宋
3.重庆合川涞滩西岩第14号泗州大圣像　南宋

　　泗州大圣即唐代僧伽大师，西域人，俗姓何，唐高宗时，僧伽曾从西域入长安、洛阳行化，后又游历于吴楚间，定居泗州（今江苏泗县）。唐中宗景龙二年（708）迎请僧伽大师入宫中，奉为国师。景龙四年（710）僧伽大师示寂，后漆身起塔。唐中宗曾问万回大师："僧伽大师何人？"万回答"观音化身"，自此声名远播。至北宋太平兴国七年（982），宋太宗加封僧伽大师"大圣"谥号，故世称"泗州大圣"。特别是闽粤江浙一带在民间不仅把泗州大圣当作观音化身信仰，明清时更是当作爱情之神信仰。

　　在巴蜀石窟中镌刻泗州大圣像者并不多，现仅存见四川夹江千佛岩第91号唐代的泗州大圣龛、重庆大足北山佛湾第177号北宋的泗州大圣、重庆合川涞滩西岩第14号南宋的泗州大圣、重庆江津高坪石佛寺第4号南宋的泗州大圣。相比较而言，夹江千佛岩第91号造像时间最早，但不如后三者保存完好，而后三者造像年限早于合川和江津。从雕刻艺术而言，大足、江津两地的泗州大圣像较简约明快，合川涞滩泗州大圣像更精美些。

图32 北山佛湾第112号释迦多宝佛龛左侧释迦佛像 南宋

龛高207厘米，宽183厘米，深158厘米

龛正中为二佛并坐像，左侧为释迦佛，面相长圆，头饰螺髻，身着U字领大衣，左肩耆那环牵衣襟，内衣结带，左手置腹前捧钵，右手扶膝，项后有圆形头光。结跏趺坐于金刚座上。右侧多宝佛双手已残毁。

释迦佛左侧刻一侍立比丘双手持锡杖，右侧刻三大三小供养人像。

◀ 图33　北山佛湾第125号数珠手观音像　南宋

　　龛高126厘米，宽100厘米，深76厘米

　　数珠手观音面相清秀（面部有所风化），头戴高花冠，发辫垂肩，袒上身，着天衣，密饰璎珞，下着长裙，披帛绕肩臂向外飘扬，跣足立于双小莲台上，左手抚右手腕，右手拈一串数珠。像后有素面椭圆形身光。

　　龛左右两壁上方各浮雕一飞天，最下方各立一侍者（女左男右），均已风化模糊。

▲ 图34　北山佛湾第130号摩利支天龛　南宋

　　龛高235厘米，宽114厘米，深142厘米
　　主像高128厘米，肩宽31厘米

　　龛正中主像为摩利支天，三头八臂，头戴高花冠，身饰璎珞，披帛飘拂，跣足立于大象牵引之战车所驮之莲台上，项后有圆形背光。其八臂分别为：上两臂，左手托风火轮，右手举剑；中两臂，左手持弓，右手握箭；下两臂，左手执盾，右手拄戟；胸前两臂，双手结印。主像头上方有三层宝塔一座，每层内刻半圆长龛，内坐一小佛，宝塔中放出四道毫光绕出龛外。

068

◀ 图35 北山佛湾第130号摩利支天龛右壁金刚 南宋

图右上侧金刚，三头六臂。上两臂：左手举骷髅锤，右手持锡杖；下两臂：左手持盾，右手握刀；胸前两臂：双手持三尖两刃刀。左上侧金刚，单头四臂。上两臂：左手举宝瓶，右手举钢鞭；胸前两臂：双手握剑。右下侧金刚单头四臂。上两臂：左手托莲蓬，右手握铜；下两臂：左手持矛，右手食指前伸。左下侧金刚三头六臂。上两臂：左手握羂索，右手执铜；下两臂：左手握帛带，右手持剑；胸前两臂：双手捧钺拱揖。

▲ 图36 北山佛湾第130号摩利支天龛左壁金刚 南宋

图右上侧金刚，单头四臂。上两臂：左手持斧，右手屈肘于胸前；下两臂：左手持钩，右手持羂索。左上侧金刚，三头六臂。上两臂：左手握宝铎，右手指天；中两臂：左手捧珠，右手持叉；下两臂：双手执刀。右下侧金刚，三头六臂。上两臂：左手已残毁，右手持物已残毁；下两臂：左手已残毁，右手握带；中两臂：双手挂宝剑于地。左下侧金刚，单头四臂。上两臂：左手牵带，右手举宝印；下两臂：双手胸前合十并托如意。

▲ 图37　北山佛湾第169号大威德金轮炽盛光佛　北宋

龛高220厘米，宽150厘米，深123厘米

龛内主像为大威德金轮炽盛光佛，头（为1983年复原）有横纹肉髻，面相长圆，身着U字领大衣，左手置腹前托金轮，右手当胸似结印（手已残毁），结跏趺坐于仰莲座上，像后有头光和身光。佛头上方悬华盖，左右二道毫光直达龛顶。身光两旁各有一菩提树。

佛像两侧各立有5位侍者（大多头已残毁），佛座下方有一供案，上置一香炉，右侧一侍者（头已毁）侧身作供香状。

龛内左壁原有三层造像，除上层可见4主像外，余皆残毁；右壁的造像上层可见14像，双手拱揖立于云中，中层有5像，下层有3供养人像，其下方有3小像，现已风化残毁不清。

▶ 图38　北山佛湾第133号水月观音窟　南宋

窟内正中主像为水月观音，面相长圆，头戴花冠，身着天衣，密布璎珞，帔帛绕肩臂飘垂于座前，左手置腿上握数珠串，右手前伸置膝上（手已残毁），游戏坐于金刚座上，项后有火焰纹圆形头光，背后壁刻有普陀山，像左侧岩石上有一净瓶。

水月观音像左侧为老年善财，右侧为龙女。

龛内左右侧壁刻有金刚像。

▲图39 北山佛湾第133号水月观音窟右壁金刚 南宋

右壁金刚由内至外，内侧（图右者）单头四臂，面相威武，顶盔贯甲。上两臂：左手托龙钵，钵中伸出一龙头；右手举刀。下两臂：左手持钺，右手当胸握羂索。外侧（图左者）金刚三头六臂，面相威武，顶盔贯甲。上两臂：左手举宝镜（已残断剩半圆），右手举铜；下两臂：左手握羂索，右手挂剑于地；胸前双手持长戟。

▶图40 北山佛湾第133号水月观音窟左壁金刚 南宋

左壁金刚由内至外，内侧（图左者）金刚单头四臂，面相威武，顶盔贯甲。上两臂：左手举斧，右手举鞭；下两臂：左手当胸托物（已残毁），右手持剑。外侧（图右者）金刚三头六臂，面相威武，顶盔贯甲。上两臂：双手举风火轮，轮中有一小立佛；下两臂：左手握羂索，右手当胸捧宝铎；胸前两臂，双手执矛。

宝顶山摩崖造像

宝顶山摩崖造像位于重庆市大足区城东北15公里处的宝顶山（古称"宝峰山"，又称"香山"）上，开创于南宋淳熙至淳年间（1174—1252）。

宝顶山摩崖造像分布于大佛湾、小佛湾、倒塔坡、龙头山、三元洞、大佛坡、仁功山、珠始山、对面佛、岩湾、龙潭、佛祖寺、佛祖岩、三块碑、高观音、广大山、松林坡、塔耳田等18处。

其中以大佛湾规模最大，造像集中且数量多，题材以佛教密宗内容为主，兼及显宗内容，还有为数很少的清末民初所刻的道教造像。

大佛湾现存龛窟共编为32号，大小造像近万躯，另有经、偈、颂等题刻铭文230件，南宋及明清碑碣16通、游人题记和诗词题刻44件。

1961年3月4日，国务院公布其为全国第一批重点文物保护单位。

图41 宝顶山大佛湾第2号九护法神像 南宋

顶高450厘米,全像宽1260厘米,像高230厘米,肩宽65厘米

九护法神像面目狰狞,顶盔贯甲,从左至右依次为:(1)像身已残毁;(2)重面;(3)提人头;(4)举小鼠;(5)握宝剑;(6)执蛇;(7)捧大刀;(8)举扇;(9)扛猫头鹰。

第五护法神像头上方有尊小化佛坐像,佛两侧各有一飞天。其余各护法神像头上方均立有一云托之小神像,为其本尊像。

　　龛两端各立有三怪神，南端三怪神已残毁，北端三怪神：（1）人头兽足；（2）鸡头人身；（3）兽头人身，双手提桶或持蕉叶。

　　九护法神像脚下方并列七鬼怪：（1）牛头持棍；（2）猪头捧物（双手残）；（3）狗头持鞭（已残）；（4）怪物跪举供案；（5）兔头执斧；（6）猴头献果；（7）怪物持叉（头残）。

▶ 图42　宝顶山大佛湾第3号六道轮回图　南宋

顶高780厘米，宽480厘米，深260厘米

正中刻无常口衔并双手扶持六趣轮（佛教所谓运转三界六道生死的车轮），此轮分为四层：内层中心刻一卷发修行者，其右、下、左旁分别刻有鸽、蛇、猪，以示贪、嗔、痴"三毒"，是众生之根本烦恼。从修行者心口发出六道毫光。将圆轮分为六叶，以示业力果报之"六道"（或称"六趣"）。圆轮正上方为"天道"，正下方为"地狱道"；左上方为"人道"，对应方为"畜生道"；右上方为"阿修罗道"，对应方为"饿鬼道"。此即"三善道"（天、人、阿修罗）和"三恶道"（地狱、畜生、饿鬼）。第三层的图像表示佛教的"十二因缘"（即无明、行、识、名色、六入、触、受、爱、取、有、生、老死），以此说明众生如何被烦恼和业力所控制，无奈在六道中生死轮回的教义。第四层分为十八格，每格中以奎筒刻出首（生）尾（死）生灵转世轮回图像，如：人头人尾、人头畜尾、狼头人尾、牛头畜尾、狮头畜尾、禽头畜尾、畜头蛇尾、马头蛇尾、鱼头人尾、蛇头畜尾、人头畜尾、畜头畜尾、猪头畜尾、龙头人尾、鸟头畜尾等。轮盘左下方有一官一卒，以手扶轮，以示"贪"；右下方刻一猴子抚弄生殖器对着少女以示"爱"，以此说明众生因贪、爱业导致轮回果报。

◀ 图43　宝顶山大佛湾第4号广大宝楼阁图　南宋

龛高780厘米，宽370厘米

该龛造像题材依据唐代不空译的《大宝广博楼阁善住秘密陀罗尼经》，主像为宝髻，金髻和金刚髻，三像双手结定印，结跏趺坐于金竹下之金刚座上。座前一长方形石上刻有"宝顶山"三字，为宋代"朝散大夫权尚书兵部侍郎兼同修国史兼实录院官修撰杜孝严书"。

三像头上均有背靠金竹坐于云中之小佛，各竹上方均有一幢两层楼阁，每层均有一坐佛，正中楼阁上刻有"广大宝楼阁"五字。

图44　宝顶山大佛湾第5号华严三圣龛　南宋

顶高820厘米，像全宽1550厘米

该号在20世纪50年代曾被认为是"三世佛"，70年代后被认定为"华严三圣"，21世纪初又有人认为是"卢舍那佛"，其实还是定为"华严三圣"才准确。在"娑婆世界"（即现实世界）教化众生的释迦牟尼佛是应身（生身）出现的，他的左胁侍菩萨是妙智的文殊，右胁侍菩萨是大行的普贤，这就是所谓的"释迦三尊"。而在华藏世界中，释迦佛的法身毗卢遮那佛和报身卢舍那佛，均可配以左文殊，右普贤两位菩萨，构成"华严三圣"。佛为法"果"，文殊、普贤为"因"，即以文殊的智慧，运用普贤的行来证入法界，成就佛果。"华严三圣"造像题材依据《华严经》。

该号居中主尊为卢舍那佛，面相丰圆，头有螺髻，顶上化出二道毫光，身着U字领大衣，毗那环牵衣襟，跣足立于二小莲台上，左手置胸前结定印，右手手伸，掌心向上结予愿印。左侧为普贤，面相丰圆，头戴高花冠，身着U字领大衣，胸饰璎珞，双手当胸捧六边形宝塔，跣足立于二小莲台上。右侧为文殊，形象、身饰与普贤大体相同，双手捧七级宝塔，跣足立于二小莲台上。

三像后开有81个小圆龛（直径为76厘米）龛内均有一小坐佛，加上塔中6小坐佛和卢舍那佛，共八十八佛，以示娑婆世界之过去佛。

图45　宝顶山大佛湾第8号千手观音龛　南宋

龛高720厘米，像宽1250厘米，占壁面积88平方米

主像为千手观音（具名"千手千眼观音菩萨"），面相丰圆，额上开一天眼，头戴四十八佛宝冠，结跏趺坐于十力士捧托之仰莲台上，身后形若孔雀开屏刻有1007只手，

每手中刻有一眼、器物，观音左侧一男像，头戴方冠，双手捧笏而立，其左面立一头戴猪首之妇女，再侧是一乞食老叟。观音右侧立一拱手托钵之女像，其右侧有一头顶象首之妇女，再侧为下跪之饿鬼。

为了遮风避雨，清代曾依岩建大悲阁，1949年后多次重修。近年又为该龛造像妆彩贴金。

图46　宝顶山大佛湾第11号释迦涅槃图　南宋

　　　顶高700厘米，像宽3200厘米，卧佛像长3100厘米

　　主像释迦牟尼佛北首右胁而卧，膝以下隐没于南岩中，该像长31米。卧佛腹前有一供桌，上摆果盘，桌前有帝释捧筯作哀悼状。供桌上方刻祥云直达龛顶，云端立佛母及眷属9人。卧佛头侧立一天王双手当胸抱拳拱揖，其左侧刻众弟子像，依次为：

（1）迦叶（已毁）；（2）赵智凤（卷发拱手）；（3）柳本尊（捧八方钵）；（4）阿难（抱六合瓶）；（5）舍利子（捧钵）；（6）须菩提（持净瓶）；（7）富楼那（持莲花）；（8）目犍连（捧果盘）；（9）迦旃延（捧经书）；（10）阿那律（捧如意珠）；（11）耶输陀罗（拱揖）；（12）摩难枸利（拱揖）；（13）优婆罗（捧盘托钵）；（14）罗睺罗（持如意）。

图47　宝顶山大佛湾第11号释迦涅槃图天王与弟子像局部　南宋

卧佛头顶旁是天王（拱揖），其左侧依次是赵智凤（拱揖）、柳本尊（捧瓜形钵）、阿难（抢六合瓶）、舍利子（捧钵）、须菩提（捧净瓶）、富楼那（持莲花）。

图48 宝顶山大佛湾第11号释迦涅槃图弟子像局部 南宋
图左至右依次是卷发人赵智凤、头戴方巾者柳本尊、头戴高花冠的五位弟子分别是舍利子、须菩提、富楼那、目犍连、迦旃延。

◀ 图49　宝顶山大佛湾第11号释迦涅槃图弟子罗睺罗半身像　南宋

半身像高217厘米

罗睺罗面相方圆，头戴化佛高花冠，宝缯垂肩，双手当胸捧如意。

▲ 图50　宝顶山大佛湾第11号释迦涅槃图帝释天半身像　南宋

半身像高185厘米

帝释天面相丰圆，面有须，头戴冕旒，双手捧笏，于供桌前作哀悼状。

图51 宝顶山大佛湾第11号释迦涅槃图顶上佛母及其眷属像 南宋

像通高162厘米

位于卧佛腹前云端顶部，共刻九像，正中为释迦佛生母摩耶夫人，其左侧为释迦佛姨母波阇波提夫人，摩耶夫人右侧为释迦佛出家前之发妻耶输陀罗。三像均袖手拱揖，三像左右各立三天女，或持花，或献果，或捧香炉。

图52　宝顶山大佛湾第12号九龙浴太子图　南宋
　　顶高640厘米，像宽450厘米

　　依崖壁而凿造，正中刻一大龙头，其上方呈弧形刻八小龙头，清泉水从大龙头口中流出，为双手合十结跏趺坐于台之太子悉达多沐浴。其下方左右刻二力士扶盆，左侧力士一手指天，右侧力士一手指地，寓意为太子"天上人间，唯我独尊"。该号匠师巧妙引水至龙口流出，洒向太子，而常流不断，说明古代匠师的智慧。

释迦牟尼未成佛之前，是迦毗罗卫国的太子乔达摩·悉达多，传说他从母亲摩耶夫人右腋下降生。一落地就会行走，向东西南北各行七步，且步步生莲。太子一手指天，一手指地说："天上人间，唯我独尊。"此时天空忽现二龙（印度称眼镜王蛇为"龙"，naga），二龙吐出一温一凉之水为太子沐浴。而佛教中国化后，将二龙吐水改为九龙吐水，故有"九龙浴太子"之说。因为在中国传统文化的数字观念中，九为数之极，九龙图像只能与帝王相配，佛祖为世之最尊者，当然应以九龙吐水沐浴之。

　　大足宝顶山大佛湾第12号九龙浴太子不仅体现了佛教中国化，而且工匠巧妙地将岩上的水从龙口流出而沐浴太子，再由九曲池将水排走，以起到防止对石刻侵蚀的作用。这不失为艺术与实用的结合范例。而江津高坪石佛寺第2号龛和泸县玉蟾山第24号龛九龙浴太子却只是简单的图像化九龙浴太子，雕刻艺术手法也远逊色于大足宝顶山大佛湾第12号龛，更谈不上是艺术与实用的完美结合了。

1. 重庆江津高坪石佛寺第2号九龙浴太子龛　北宋
2. 四川泸县玉蟾山第24号九龙浴太子　明

▶ 图53　宝顶山大佛湾第14号毗卢洞毗卢遮那佛像　南宋

　　窟高690厘米，宽800厘米，深470厘米

　　窟门门楣上刻有"毗卢道场"四字，署款"朝散郎知重庆军府事姚□□书"。说明该窟是表现密宗教主毗卢遮那佛为菩萨，僧俗二众说法的场景。题材内容丰富，大大小小的佛、菩萨、弟子、护法等众多，雕刻精细，可谓这类题材的石窟造像中的佳构。

　　窟门外左右两壁各刻二天王，四天王上方分两层刻14个小圆龛，每龛内有一小坐佛，窟门前左右跪立二石狮。

　　窟后壁正中刻有一座六角五面攒尖飞檐双层与后壁相连，无法绕行，因此还不是真正意义的中心塔柱。亭立于莲座上，莲座下为六角露盘，盘正面左右侧分别刻有"正觉门""翅头城"三字。这似与《弥勒下生经》有关。

　　窟的前壁和左右三壁依据《华严经》的"七处九会"说，即释迦佛成道后最初分别在七个地方讲《华严经》，共讲了九次。因此，除释迦佛的法身、报身、应身三身外，菩萨、弟子、护法等天人之众聆听其法。左壁造像在清初时因狂风暴雨而崩圮，现仅残存一菩萨。

　　主像毗卢遮那佛位于五面亭的正面龛中，面相长圆，口吐文理二道毫光，头戴五佛（毗卢佛、阿閦佛、宝生佛、阿弥陀佛、不空成就佛）冠，结跏趺坐于莲台上。

▲ 图54　宝顶山大佛湾第14号毗卢洞右壁造像　南宋

　　主像为三佛，均头戴宝冠，螺髻外露，结跏趺坐于莲台上，其头上方各刻有一小本尊，莲座下分别有狮承托其座，其下为须弥座，座下有或立或跪之供养菩萨。三佛左右侧分别刻有文殊、普贤菩萨等，三佛正中者应为释迦佛（应身），左为毗卢佛（法身），右为卢舍那佛（报身）。正中佛头上方刻有祥云拥护之楼阁，上刻有"兜率宫"三字。

▶ 图55　宝顶山大佛湾第14号毗卢洞左壁造像　南宋

　　图中左侧为毗卢遮那佛，头戴宝冠，双手当胸结内缚印，结跏趺坐于仰莲台上，座下方有二供养菩萨跪于小莲台上，佛左右侧各立一菩萨（头已毁），佛像左侧为普贤菩萨结跏趺坐于象承托之仰莲台上，象旁有牵象奴（头已毁）。

受中国儒家文化的影响,唐代佛教出现了一部分伪经,如《佛说报父母恩重经》之类体现儒家孝亲思想的经文。印度佛教原本提倡"怨亲平等""识体轮回""普度人生",即所谓"沙门(出家僧人)不拜王者",识父母为路人,众生平等。但传入中土后,这种不拜君王,不孝父母,六亲不认,在儒家三纲(君为臣纲,父为子纲,夫为妻纲)、五常(仁、义、礼、智、信)的思想统治下,必然遭到猛烈抨击甚至灭顶之灾(如三武一宗灭佛)。佛教为了适应生存环境,只好援儒入佛,以便立稳脚跟。因此,关于孝亲观的经文、变相,便应运而生。像大足宝顶山大佛湾第15号父母恩重经变和第17号大方便佛报恩经变这样援儒入佛的题材,出现于南宋石窟也就不奇怪了。虽然不合印度佛教义理,但符合中国文化特色。

图56 宝顶山大佛湾第15号父母恩重经变图 南宋

龛高700厘米,宽1540厘米

上层刻七佛,头有螺髻,着U字领大衣,均为半身,从左至右依次是:毗婆尸佛、尸弃佛、毗舍浮佛、拘留孙佛、拘那含牟尼佛、迦叶佛、释迦牟尼佛。

中层刻父母恩重经变相,正中为"投佛祈求嗣息",左侧刻"第一怀胎守护恩""第三生子忘忧恩""第五推干就湿恩""第七洗濯不净恩""第九远行忆念恩""第十究竟怜悯恩"。

下层刻有阿鼻(无间)地狱图像。

该号造像主要依据晚唐流行的《父母恩重经讲经文》《十恩德》《十种缘》《孝顺乐》等佛经俗讲文学作品而创作的,充分体现了援儒入佛的中国特色。

图57 宝顶山大佛湾第15号父母恩重经变投佛祈求嗣息 南宋

刻有一对夫妇上香投佛祈求生子,正前有一块碑,上刻"投佛祈求嗣息,赐紫慈觉大师/□宗赜颂曰:古佛未生前,/疑然一相圆;/释迦犹□会,/迦叶岂能传。/父母同香火,/求生孝顺儿;/提防年老日,/起坐要扶持。/父母皆成佛,/绵绵法界如;/尔时心愿足,/方乃证无余。有得非为得,/无功始是功;/千惭千圣外,/元是旧家风/。"

碑下刻有偈语:"知恩者少,/假使热铁轮/于我头上旋,/终不以此苦/退失菩提心,/负恩者多。"

图58 宝顶山大佛湾第15号父母恩重经变第一怀胎守护恩 南宋

刻有一坐着的孕妇,旁有一侍女双手捧汤侍奉。图上方有颂词:"第一/怀担(胎)守护恩。/禅师颂曰:/慈母怀胎日,/令身重若□;/母黄如有病,/动转亦身难。"

▲ 图59 宝顶山大佛湾第15号父母恩重经变第二临产受苦恩 南宋

　　刻有一侍者搀扶产妇，旁边有一半跪接生婆，接生婆后面有一巫师手持"令牌"正在驱邪，预期顺产。图上方有颂词："第二/临产受苦恩。/慈觉颂曰：/□□慈亲苦，/□人眼泪□；/□知恩力重，/（能）取出胎时。/慈父闻将产，/空惶不自持；/□生都未（报），/头耳皱双眉。"

▶ 图60 宝顶山大佛湾第15号父母恩重经变第三生子忘忧恩 南宋

　　刻有一母亲抱一小孩，其夫上前逗小孩子玩乐。图右边刻有颂词："第三/生子忘忧恩。慈觉颂曰：初见婴儿面，/双亲笑点头；/从前忧苦事，/到此一时休。"

图61 宝顶山大佛湾第15号父母恩重经变第五推干就湿恩 南宋

刻有一母亲在床上抱小男孩撒尿。图上方刻颂文:"第五/推干就湿恩。/慈觉颂曰:/干(处让)儿卧,/儿身熟□睡;/仰推慈母(为),诸佛亦何偏。"

图62 宝顶山大佛湾第15号父母恩重经变第四咽苦吐甘恩、第六乳哺养育恩 南宋

刻的是一位坐着的母亲怀抱一小孩,举饼欲喂儿。图上方刻有颂文:"第四/咽苦吐甘恩。/慈觉颂曰:/□□儿子吃,/□□自家餐;/不□知恩少,/他时报德难。"

刻一袒胸露乳坐着的母亲,其少儿正在吮吸母乳的情景。图上方刻有颂文:"第六乳哺养育恩。/慈觉禅师/宗赜颂曰:/乳哺无时节,/怀中岂暂离;/不愁脂肉尽,/惟恐小儿饥。"

▲ 图63　宝顶山大佛湾第15号父母恩重经变第九远行忆念恩　南宋

　　刻有一对老年夫妇正与即将远行的儿子告别的情景。图下方颂文："第九/远行忆念恩。/慈觉颂曰：/乳下为儿时，/三年岂离位；/如何千里外，/□家不回□。/□□□□□，/出必□□□。/恐依门庐望，/归来莫太迟。"

▶ 图64　宝顶山大佛湾第15号父母恩重经变第十究竟怜悯恩　南宋

　　刻画的是儿子跪于双亲前，父亲正在向儿子说教。母亲右肩旁刻颂文："究竟怜悯恩。△颂曰：/百岁△惟忧八十儿，/不舍△作鬼也忧之；/观喜怒常不犯慈颜，/非容易从来谓色难。"（注：△表示空位字）

图65　宝顶山大佛湾第16号雷音图　南宋

　　顶高710厘米，像宽910厘米

　　该号从左至右为：风伯（双手抱风袋作挤压放风状）、雷公（兽头人身手持巨锤作擂鼓状，以示放雷）、电母（妇人打扮立于云中，双手持宝镜，以示放电）、云神（一男子身披云罩仰脸鼓腮，手指上方作布云状）、雨师（一骑飞龙老者左手托钵，右手持拂作施雨状）、天使（下半身隐于云中，头戴软翅幞头，身着圆领朝服，浓眉深目，络腮胡须，张口呈喊话状，手捧圣谕，上刻有"勅烧煞五逆者"六字）。

　　下方还刻有一仰天，一匍匐被雷电火烧而毙命者。

图66　宝顶山大佛湾第17号大方便佛报恩经变　南宋

　　该号正中刻有释迦佛半身像（高370厘米，肩宽140厘米），头有螺髻，头顶放出一道毫光，光中出现一天宫，上书有"忉利天宫"四字。身着U字领大衣，哲那环牵衣襟，左手当胸托钵，右手屈肘结印。佛像头的左右刻有"六道"〔天、人、地狱、阿修罗（已风化）、畜生、饿鬼〕。龛顶齐檐处横刻"假使热铁轮/于我顶上旋，/终不以此苦/退失菩提心。"佛腹部下方刻有《三圣御制佛牙赞碑》（文略）。佛像左壁刻有六组图像，

分别是：（1）六师外道谤佛不孝；（2）佛因地修行舍身济虎；（3）释迦因地割肉供父母；（4）释迦因地鹦鹉行孝；（5）释迦因地行孝剜眼出髓为药；（6）释迦因地行孝证三十二相。佛像右壁刻有六组图像，分别是：（1）释迦因地为睒子行孝；（2）释迦因地剜肉；（3）释迦因地雁书报太子；（4）释迦因地修行舍身求法；（5）释迦佛诣父王所看疾；（6）大孝释迦佛亲担父王棺。

图67 宝顶山大佛湾第17号大方便佛报恩经变六师外道谤佛不孝 南宋

位于释迦佛半身像左壁下层,图中从左至右为:弟子阿难双手拱揖而立,接着是一青年男子担着筐,筐中两边各坐着他的父母,手持儿子乞来的小饼。后面即是刻的"六师外道"

（古代印度佛教称教外的宗教或学术派为"外道"，六师即是佛教之外的六种流派的祖师）以各种不同的动态和表情讥讽佛不孝，依次是富兰那迦叶（手指担父母的孝子者）末伽黎·拘赊黎（左手按胸者）、删阇夜·毗罗胝（手击拍板者）、阿耆多·翅舍钦婆罗（手舞足蹈者）、迦罗鸠驮·迦旃延（抱鼓敲打者）、尼犍陀·若提子（未刻出）。

图68　宝顶山大佛湾第17号大方便佛报恩经变大孝释迦佛亲担父王棺　南宋

"大孝释迦佛亲担父王棺"在佛像右壁下层,图中从左至右依次是:刻难陀(意译"善欢喜",又名牧牛难陀,释迦佛弟子之一,被誉为"调和诸根第一"),手执香炉,回视正棺;其上方有一塔,上刻"净饭王舍利宝塔"七字,释迦侧身抬棺在前,头中放出二道毫光。内刻"大孝释迦佛亲担父王

棺",后仅现两位抬棺者(内侧因雕刻不便未表现)。棺后面刻弟子阿难(释迦佛的堂弟,佛十大弟子之一,被誉为"多闻第一")和罗睺罗(释迦佛未出家前所生子,佛十大弟子之一,被誉为"密行第一")。阿难双手拱揖,罗睺罗双手合十,均作哀悼状。

图69 宝顶山大佛湾第17号大方便佛报恩经变吹笛女 南宋

在"六师外道谤佛不孝"的右上方刻有吹笛女。她头戴巾,垂双辫,貌似村姑,双手横执竹笛,作吹笛状。此吹笛女即是旃遮摩那(意译为"暴志"),是妨碍释迦佛度众的婆罗女。相传释迦佛在祇园精舍说法时,声誉日隆,外道嫉之,暗遣旃遮摩那去精舍,怀中系木盂伪装妊妇,并当众谤佛说腹中之子是释迦佛之种,大众哗然,此时帝释天化为白鼠,钻入衣内咬断系带,于是现出木盂,旃遮摩那无地自容,众皆释然。此女自此堕入地狱。

图70　宝顶山大佛湾第18号观无量寿经变　南宋

龛高800厘米，全像宽2160厘米

龛上部刻西方三圣像（均为半身），主尊阿弥陀佛，面相方圆，头有螺髻，额部射出二道毫光横贯全龛，双手结弥陀定印；左侧观音菩萨头戴化佛花冠，左手托钵，右手持杨枝；右侧大势至菩萨头戴花冠，冠中有宝瓶，左手托经，右手结印。三圣像左右上下刻有十方诸佛、菩萨、飞天、大宝楼阁、莲花化生童子等。三圣像腹前下方七曲内栏杆，七根柱上各站立一伎乐童子。全龛最下方亦有七曲外栏杆，栏上各立嬉戏儿童。

　　内栏杆以上为西方极乐净土，内、外栏杆之间是"三品九生图"（指西方极乐世界的品位，往生分为：上品往生、中品往生、下品往生，即"三品"。每一品又分为上、中、下三品，即"九生"。）；全龛左右转角与左右二壁自上而下是"十六观图"（指十六种观法：1.日观；2.水观；3.地观；4.树观；5.池观；6.总观；7.华座观；8.像观；9.佛观；10.观音观；11.势至观；12.普观；13.杂观；14.上品生观；15.中品生观；16.下品生观。）。

　　该号题材出自《观无量寿经》。

◀ 图71　宝顶山大佛湾第19号缚心猿锁六耗图　南宋

龛高790厘米，上端宽360厘米，下端宽190厘米

全图分为上下两层。上层刻一卷发人结跏趺坐于莲台上，双手于胸前抱一猿，头顶上方横刻"缚心猿锁六耗"，其左侧竖刻"弥勒化佛"四字，右侧竖刻"傅大士作"（注：傅大士为南朝齐时，以居士身份修行佛道，是中国维摩禅祖师，倡导三教合一，创转轮藏法门，开禅宗原始宗风，是中国禅宗颇具影响力的人物之一）。莲座下方有一结，从中牵出六根绳索系住犬、鸟、蛇（左）、马、鱼、狸六种动物，以示眼、耳、鼻、舌、身、意，即"六耗"（"六根"）。

主像左右两侧各刻偈语："天堂及地狱，作佛也由他""一切由心造，披毛从此得。"

主像左侧壁竖刻"乐、福、善"三字。在"乐"字之上刻有"人天五欲""四禅清净""二乘寂灭""菩提自在""如来究竟"五图。在"乐、福"二字两侧刻有诗偈，左侧："牢缚心猿脚，壮锁六贼根；心神得清净，福乐自来亲。"右侧："乐是无疆福，福乃善因由；超凡入圣道，尽在这心修。"靠"善"字还有一偈："十善四弘，四禅八定，/厌苦求寂，期出三界。/孤调自度，悟世观空。/自利利他，上求下化。/慈悲□□，□□□□。"

主像右侧壁边上竖刻"苦、祸、恶"三字，在"苦"字上方刻"人中贫贱""修罗斗战""畜生患难""饿鬼饥渴""地狱极苦"五图。在"苦、祸"二字两侧刻有诗偈，左边："苦厄人皆俱，/灾祸有谁争，/想非天地赐，/心恶自然生。"右边："若了心非心，/始得心法心"靠"恶"字亦刻一偈："贪婪杀害，荒迷酒色。/嗔嫉奸狡，谄曲虚诳。/愚痴耽欲，作恶无耻。/多疑好胜，恃已凌物。/百行五常，三皈五戒。"

上层左壁边上竖刻有"起诸妄念恣攀缘，造善造恶轮生死"一联。

下层有一石碑，上半部刻有《咏心歌》（文略）、《咏心偈》（文略），下半部刻有《论六耗颂》（文略）。其中间刻有两行大字："相识满天下，知心能几人。"下半部两端刻有二联："西方极乐国此去非遥，南海普陀山到头不远""天堂地狱，只在目前；诸佛菩萨，与我无异。"

图72 宝顶山大佛湾第20号地狱变 南宋

高1268厘米，全像宽1995厘米

该号共分为四层：最上层刻有十佛于10个圆龛内，均结跏趺坐，各结手印，以示十方诸佛；第二层正中刻有地藏菩萨，头戴花冠，左手置膝上托摩尼珠，放出六道毫光，右手结印，结跏趺坐于莲台上。左右各有一侍者，左为男侍者持锡杖，右为女侍者捧钵。主尊和两侍者左右各刻有五王，共为"地狱十王"。左侧为阎罗天子、五官大王、宋帝大王、初江大王、秦广大王，旁刻有现报司官；右侧为变成大王、太山大王、平正大王、都市大王、转轮大王，旁刻有速报司官。

第三和第四层（正中为舍利塔，刻有十八层地狱，第三层左侧为拔舌地狱、剑树地狱、寒冰地狱、镬汤地狱、刀山地狱；右侧为毒蛇地狱、剉碓地狱、锯解地狱、铁床地狱、黑暗地狱。第四层左侧为刀船地狱、饿鬼地狱、阿鼻地狱、截膝地狱；右侧为镬汤地狱、铁轮地狱、锉戟地狱、粪秽地狱）。

图73 宝顶山大佛湾第20号地狱变十王之平正大王像 南宋

平正大王头戴通天冠，左手置案边，右手当胸执朝笏，右立一侍者，左手托簿册，右手当胸微握。案帷面横刻"平正大王"四个字，下竖刻颂词："时佛舒光/满大千，普/臻龙鬼会/人天；释梵/诸天冥密/众，咸来稽/首世尊前。"

图74 宝顶山大佛湾第20号地狱变十王之太山大王像 南宋

太山大王头戴通天冠,左手置案上,右手捻须。右立一侍者,左手指右手,所托之簿册。案帷面横刻"太山大王"四个字,下竖刻颂词:"一身危脆/似风灯,二/鼠侵欺啮/井藤;苦海/不修桥筏/渡,欲凭何/物得超升。"

▲ 图75 宝顶山大佛湾第20号地狱变十王阎罗天子像 南宋

　　阎罗天子头戴冕旒，双手捧笏，其左侧立一女侍，双手捧卷，右侧立一比丘，双手持锡杖。案面铭文："阎罗天子"。下文曰："悲增普化/示威灵，六/道轮回不/暂停；教化/厌苦思安/乐，故现阎/罗天子形。"

▶ 图76 宝顶山大佛湾第20号地狱变刀山地狱 南宋

　　刀山地狱图中刻画的是狱卒正在对下刀山地狱的人行刑的场景。图上方刻有榜题："月一日念定光佛/一千遍，不堕刀山/地狱□赞曰：/闻说刀山不可攀，/嵯峨险峻使心酸；/遇奉斋日勤修福，/免见前程恶业牵。"

图77 宝顶山大佛湾第20号地狱变镬汤地狱 南宋

镬汤地狱图中,刻有一马面狱卒正在用力搅拌大油锅中受刑者的尸骨,另一狱卒抓住一妇女的头发欲将其扔进锅中。榜题:"日念药师琉璃光佛/千遍,不堕镬汤地狱。/劝君勤念药师尊,/免向镬汤受苦辛;/落在波中何时出,/早修净土脱沉沦。"

日念藥師琉璃光佛
千遍不墮鑊湯地獄
勸君勤念藥師尊
免向鑊湯受苦辛
落在波中何時出

图78　宝顶山大佛湾第20号地狱变寒冰地狱　南宋
寒冰地狱图中刻两男子赤身蹲坐于寒冷的冰山上。榜题:"日念贤劫千佛一千/遍,不堕寒冰地狱。/就中最苦是寒冰,/盖因裸露对神明;/但念诸佛求功德,/罪业消除好处生。"

图79 宝顶山大佛湾第20号地狱变锯解地狱 南宋

锯解地狱图中,刻一受刑者倒立捆绑在锯架上,一斗头狱卒和另一狱卒拉锯将受刑者锯解。锯架上横刻"锯解地狱"四个字,榜题:"日念卢舍那佛千遍,/不堕锯解地狱。/如来功德大圆明,/由如明月出群星;/但念能除多种罪,/锯解无由敢用君。"

图80 宝顶山大佛湾第20号地狱变铁床地狱 南宋

铁床地狱图中，刻有一铁床，内有一具骸骨。床下有狱卒持筒吹火烧床。左右有二狱卒，一个执铁叉，另一个执铁锤，各抓一受刑者并将其掷入狱内。该图上方刻一圆镜，旁刻"业镜"二字，榜题："日念药王药上菩萨／不遭铁床地狱。／菩萨真名号药王，／铁床更用火烧烊；／直烧造业如山重，／但念真名免众殃。"

图81 宝顶山大佛湾第20号地狱变截膝地狱 南宋

　　截膝地狱图中部左端竖刻"截膝/地狱"二行四字，共刻像四组：第一组"醉酒图"（父子不识、夫妻不识、兄弟不识、姊妹不识）；第二组"尪𩨂摩罗酒后杀父、淫母"；第三组"沽酒图"（槃陀女双手托酒坛，一男子劝酒人捧酒坛劝比丘饮酒，比丘作接杯状）；第四组"罪刑图"。位于"醉酒图"中部刻《华鲜经》，关于醉酒段落（文略），位于"沽酒图"下壁刻《大藏经》关于沽酒段落（文略）。

图82　宝顶山大佛湾第20号地狱变沽酒图　南宋

沽酒图中刻槃陀女双手捧酒坛而立，右旁刻双手捧酒碗劝比丘饮酒的男子，面对劝酒人的比丘伸手欲接酒（比丘头像残）。

◀ 图83 宝顶山大佛湾第20号地狱变醉酒图夫妻不识 南宋

  图中刻有酒醉后的丈夫袒胸而立,两眼似闭不闭之恍惚状态,其妻将其搀扶,此时丈夫连自己的老婆都不认识了,故用手揪妻耳朵,似乎在喊:你是谁?走开!

▲ 图84 宝顶山大佛湾第20号地狱变醉酒图兄弟不识 南宋

  图中有一醉态的哥哥仰坐于地,弟弟前去搀扶,被哥哥用劲推开,并说我不认识你,滚开!

图85 宝顶山大佛湾第20号地狱变醉酒图姊妹不识 南宋

图中已经醉意朦胧的姐姐偏偏倒倒，妹妹急忙上前搀扶，姐姐头偏一方极力推却，似乎说：我不认识你，离我远点！

图86　宝顶山大佛湾第20号地狱变醉酒图淫母弑父　南宋

　　图上方刻一男子正在与㤭崛摩罗的母亲调情，㤭崛摩罗双手执长柄大刀向那男子右腋下刺去，旁有一横卧死者（即㤭崛摩罗之父）。图旁刻有："大藏经言，余时世尊告诸比丘：若受五戒，二百五十戒，威仪俱足。戒不听，饮酒犯波罗提目叉，若犯即入地狱。迦叶白佛言：酒亦无命，如来何故戒酒为苦？佛告迦叶：汝好谛听，舍婆提国有㤭崛摩罗，为饮酒昏乱，淫匿其母，杀戮其父。母即与外人共通，担刀害之，是故今日戒酒为苦。又告：腺陀女为人沽酒，死堕地狱，受形法竟，身长三尺，两耳闭塞，复无两目，亦无鼻孔，不唇褰哆，手无十指，脚无两足，皆由沽酒，况饮之人，若劝比丘酒者，堕截膝地狱。其中力士，将刀剑截其两膝，强劝比丘酒者，受如是苦。"

▲ 图87　宝顶山大佛湾第20号地狱变刀船地狱　南宋

　　刀船地狱图上部刻有"养鸡女放鸡"。下部刻有一只船，船内刀尖林立，刀尖上被刺穿其身的两个受刑者痛苦不堪，船旁刻"刀船地狱"四字，其右上壁竖刻"自作自受/非天与人"。榜题："大藏经言：佛告迦叶/一切众生养鸡者入/于地狱。迦叶白佛言/养鸡者何故入其地/狱?佛告迦叶□□□/三百□□□□□/百五十鸡自作□□/百三十，是故主□□/于地狱。一切众生□/鸡者心生大慈□□/有罪若为利肉所□/是故主人入于地狱。/迦叶菩萨白佛言实/如圣教实如圣教。如/此众事皆当有告，作/贼之人亦当有□□。/佛告迦叶一切众生/若当作贼堕刀船地/狱，纵广八百由旬，其/中有丁方长四寸，□/贼人入中频其筋骨，/是名大苦。迦叶白言/珂佩四器亦不听，/我等声闻亦复如是/。"

▶ 图88　宝顶山大佛湾第20号地狱变刀船地狱养鸡女　南宋

　　图中刻一村姑头挽高髻，身着交领窄袖衫，下着襦裙，双手揭开鸡罩放鸡，前有两只鸡正在争吃蚯蚓。其下部刻"刀船地狱"，船角上刻有"自作自受，非天与人"八个字，图中还刻有"大藏经言：佛告迦叶，一切众生养鸡者入于地狱……"教外的人看"养鸡女"以为是表现现实生活情景，而在佛教看来养鸡女养鸡，甚至双鸡争吃蚯蚓均是"杀生"犯戒，将来是会堕入地狱受苦的。

149

▶ 图89　宝顶山大佛湾第20号地狱变黑暗地狱下层赵智凤像　南宋

像高145厘米

刻赵智凤立于一座三层四方攒尖宝塔前，身着交领袈裟，左手挟梵箧，右手结印。左下侧铭文："天堂也广，地狱也阔；/不信佛言，且奈心苦。"右下侧铭文："吾道苦中求乐，/众生乐中求苦。"塔的第二层刻："大藏佛说华鲜经云……"第三层铭文："假使热铁轮于我头上旋/终不以此退失菩提心。"

图90　宝顶山大佛湾第20号地狱变粪秽地狱　南宋

粪秽地狱图刻大方粪池，内浮三受刑者。池左有一狱卒高举狼牙锤正向池中人打去，狱卒左侧有二男子正宴饮；右下方刻有八十穷叟生一子，十分怜慈，一手把金，一手把饭团喂小儿。榜题："大藏经云：迦叶白／佛言：食肉者堕何／处地狱？佛告迦叶：／食肉者堕粪秽地／狱，其中有粪乃深／万丈，驱食肉之人／入此地狱。驱出转／轴，始转一匝，遍体／万钉刺破，此身支／过通彻是其大苦，／五百万世无有出期。／迦叶白佛言：如来／若说法时，一切众生／为受不受。佛告迦／叶：譬如有人年已／八十，贫穷孤老，后／生一子，极其怜悯，／一手把金，一手把饭二团俱授如过／与子，婴儿愚骏不／识其金而取其饭，／一切众生亦复如是。／我悯一切众生犹／如慈父，众生而悉／舍去□作礼奉行。"

图91 宝顶山大佛湾第20号地狱变铁轮地狱之一 南宋

图中刻一狱卒双手推一大铁齿轮正在辗压一受刑者。辗槽外刻"铁轮地狱"四字,"地狱死生人不信,待君命□□□□"数字。榜题:"大藏佛告迦叶枪觅(觅)之人/堕铁轮地狱。方丈万钉间/无空处,一切众生煮肉者/堕镬汤地狱。其中有水,/其下有火,持火烧之,溃溃乃/沸驱煮肉之人,入此地狱/受其大苦。炙肉之人,堕铁/床地狱。斩肉之人,堕剉碓地狱,杀生之人,堕鏊戟地/狱,其中铁面,昼夜铜铁造/其鏊戟,身中一丈,刃中四/尺,望胸而撞背上而出,杀/生之人,亦复如是,故说诸/法,开示一切众生。"

图92　宝顶山大佛湾第21号柳本尊行化十迹图　南宋

龛高1257厘米，宽2540厘米，檐深750厘米

该号顶部横刻"唐瑜伽部主总持王"八个大字。全像分为上、中、下三层。上层：在龛楣上凿了九个圆龛，每个龛内刻有佛坐像，或刻有菩萨坐像，共五佛四菩萨，分别是：毗卢佛、宝生佛、阿弥陀佛、阿閦佛、不空成就佛；四菩萨分别是：文殊菩萨、普贤菩萨、观音菩萨、大势至菩萨。

中层刻有"柳本尊行化十迹图"，主像为柳本尊，肩部两侧分别为文殊和普贤菩萨半身像。其行化十迹分别为（1）炼指；（2）立雪；（3）炼踝；（4）剜眼；（5）割耳；（6）炼心；（7）炼顶；（8）舍臂；（9）炼阴；（10）炼膝。

下层刻有柳本尊行化过程中的十七位侍从像（有文官、武将、弟子、男女居士等）。

四川安岳毗卢洞第1号柳本尊十炼图　北宋

　　在窟顶外上壁凿有五小圆龛,内刻五佛。窟内以毗卢遮那佛像为中心,左右两侧分上下层,刻有柳本尊十炼图像,每一炼图像左右分别刻有:柳本尊作证之佛、菩萨、天王、官吏等像,并刻有炼文,窟口左右分别刻有一护法天王像。

柳本尊是极具传奇色彩的人物，传说柳本尊本名居直。据龙晦先生考证：柳本尊生于唐大中九年（855），卒于前蜀天复七年（907）。嘉州（今四川乐山）龙游县人，本是一名弃婴，被一姓柳的邑都吏抱回家中养育，青少年时向佛，曾去峨眉山学佛修行，后住广汉，以居士身份在弥牟（今成都市青白江区弥牟镇）以及成都一带传教，其采用自残形骸的头陀行为教化众生。

在南宋时期，大足有位赵智凤，生于绍兴庚辰（即绍兴三十年，1160），大足米粮里（今重庆市大足区米粮乡）沙溪人。5岁入山，持念经咒16年。21岁西往弥牟，不久回宝顶山建柳本尊殿，传授柳本尊法旨。

从柳本尊去世到赵智凤传柳本尊遗教业已273年，但赵智凤却将柳本尊奉为"唐瑜伽部主总持王"和"第五代祖师"，又自诩为"第六代祖师"。历经近280年才传承一代，这是不可能的。在信息不发达的古代，一个青少年又从何知道远隔大足乡下几百里的川西弥牟曾有过柳本尊传教的事迹呢？他去弥牟最多是瞻仰一下柳本尊的遗迹而已，又向何人学习柳本尊遗教呢？无从稽考。最大的可能是他去过安岳石羊毗卢洞看过柳本尊十炼图后，决心学习柳本尊遗教在宝顶山仿造柳本尊行化十迹，并于弥牟柳本尊墓找到眉山祖觉禅师所撰《唐柳本尊传碑》仿刻此碑于宝顶山，历经七十余年组织营建宝顶山石窟，以此大力弘扬柳本尊遗教。

无论是安岳还是大足在宋代石窟中出现的柳本尊行化十迹题材，都是彼时彼地宗教文化的反映，这在巴蜀乃至整个中国其他石窟中绝于仅有。如此弥足珍贵的地方化佛教题材，不仅对唐宋巴蜀佛教文化流变具有极高的研究价值，而且是五代已成绝响的密宗唯独在巴蜀民间中突显，更是不可多得的史料实证。囿于柳、赵在僧传、居士传以及其他史料中不见载，加之宋代祖觉禅师所撰之《唐柳本尊传》史实与传说相混淆，猥丑鄙俚，难辨真伪，要弄清又谈何容易。

读者仅能从大足柳本尊行化十迹图和安岳柳本尊十炼图两处的铭文见出一些异同，如需进一步了解，请参见刘长久《大足石窟研究综论》，温玉成《大足宝顶石窟真相解读》（《2005年重庆大足石刻国际学术研讨会论文集》），胡文和《安岳、大足"柳本尊十炼图"题刻和宋立〈唐居士传〉》（《大足石刻研究文集》第二辑），陈明光、胡良学《四川摩崖造像"唐瑜伽部主总持王"柳本尊化道"十炼图"调查报告及探疑》（《大足石刻研究文集》第4辑）等。

◀ 图93　宝顶山大佛湾第21号柳本尊行化十迹图柳本尊像　南宋

坐像通高520厘米，像高441厘米

柳本尊头戴平顶方巾，方巾正中有毗卢佛坐像，佛头放射二道毫光，以示柳本尊已成佛。其面有三绺胡须，眇右目，缺左耳，断左臂，着交领大袖长服，右手当胸结说法印。

柳本尊像肩部右侧从左至右依次刻：柳本尊行化十迹之第一炼指、第三炼踝、第五割耳、第七炼顶、第九炼阴。每一炼旁均刻有铭记。

柳本尊像肩部左侧从右至左依次刻：柳本尊行化十迹之第二立雪、第四剜眼、第六炼心、第八舍臂、第十炼膝。每一炼均刻有铭记。

图94　宝顶山大佛湾第21号柳本尊行化十迹图第一炼指　南宋

柳本尊结跏趺坐像，左手当胸伸出食指和中指，指尖现火焰以示炼指。其右侧有一佛、一菩萨像为之作证。铭文："第一炼指　/本尊教主于光启/二年，偶见人/多疲疾，教/主悯之，遂/盟于佛，持/咒灭之，在/本宅道场中，炼左手第/二指一节，供养诸佛，誓/救苦恼众生，感圣贤摄/授道不语云：汝誓愿广/大，汝当西去，遇弥即住，/逢汉即回，遂游礼灵山，/却回归县。"

四川安岳毗卢洞第1号柳本尊十炼图第一炼指　北宋

像高168厘米

图中柳本尊呈结跏趺坐状，头戴巾，身着交领宽袖袍，右手抚膝，左手置胸前，食指尖上燃一团火。炼文云："第一炼指　本尊教主于光启二年偶见人多疫疾，教主悯之，遂盟于佛，持咒灭之。在本宅道场中，炼左手第二指一节，供养诸佛，誓救苦恼众生。感圣贤摄授道不语云：汝当西去，遇弥即住，逢汉即回。遂游灵山，却回归县。"

图95 宝顶山大佛湾第21号柳本尊行化十迹图第二立雪 南宋

柳本尊脱帽结跏趺坐于雪山中。左上角有普贤菩萨为之作证。铭文："第二立雪 /本尊教主于光启二年十/一月，挈众游峨眉山，瞻礼/普贤光相，时遇大雪弥漫/，千山皓白，十三日将身腾向峰顶，大雪中凝然端坐，/以表释迦文佛雪山六年/修行成道。感/普贤菩萨现身作证。"

四川安岳毗卢洞第1号柳本尊十炼图第二立雪　北宋

像高155厘米

图中柳本尊结跏趺坐，免冠，身着交领宽袖袍，双手结禅定印。炼文云："第二立雪　本尊教主于光启二年十一月，挈众游峨眉山，瞻礼普贤光相。时遇大雪弥漫，千山皓白，将身腾向峰顶，大雪山中凝然端坐，以效释迦文佛雪山六年修行成道，感普贤菩萨现身证明。"

图96 宝顶山大佛湾第21号柳本尊行化十迹图第三炼踝 南宋

柳本尊结跏趺坐,双手合十,足心现火焰二朵。左右各立二天王为之作证。铭文:"第三炼踝 /本尊教主宴坐峨眉历时/已久,忽睹僧谓曰:居士止此/山中有何利益?不如往九州/十县救疗病苦众生。便辞山/而去。于天福(应为天复)二年正月十八日/,本尊将檀香一两为一炷/,于左脚踝上烧炼,供养/诸佛。愿共一切众生,举足下足,皆遇道场,永不践邪谄之地。感/四天王为作证明。"

四川安岳毗卢洞第1号柳本尊十炼图第三炼踝 北宋

像高165厘米

图中柳本尊头戴巾，身着交领宽袖袍，双手合十，左脚踝上燃一朵火焰。炼文云："第三炼踝 本尊教主宴坐峨眉，历时已久，忽睹僧谓曰：居士止此山中有何利益？不如往九州十县，救疗病苦众生，便辞山而去。天福（应为天复）二年正月十八日，本尊将檀香一两为一炷，于左脚踝上烧炼，供养诸佛。愿一切众生举足下足皆遇道场，永不践邪诣之地。感四天王为作证明。"

图97 宝顶山大佛湾第21号柳本尊行化十迹图第四剜眼 南宋

柳本尊结跏趺坐,右手握刀,左手将已剜下的右眼珠放于侍者所捧盘中。铭文:"第四剜眼 /本尊贤圣至汉州已/经旬日,忽忆往日圣/言:逢弥即止,遇汉即/回。由此驻锡弥濛(牟)。一/日,汉州刺史赵君,/差人来请眼睛,/诈云用作药剂,/欲试可?本尊心已/先知,人至,将戒刀便剜付/与,殊无难色。感/金刚藏菩萨顶上现身。眼至,赵/君观而惊叹曰:真善知识也。/投诚忏悔。时天福(天复)四年七月三日/也。"

四川安岳毗卢洞第1号柳本尊十炼图第四剜眼　北宋

柳本尊呈结跏趺坐状，头戴巾，身着交领宽袖袍，右手执刀刺向右眼，左手托帕作接眼状。炼文云："第四剜眼　本尊贤圣至汉州已近旬日，忽忆往日圣言：逢弥即止，遇汉即回。由此驻锡弥蒙（牟）。一日，汉州刺史赵君，差人来请眼睛，诈云用作药剂，欲试可（否）。本尊心已先知，人至，将戒刀便剜付与，殊无难色。感金刚藏菩萨顶上观身。眼至，赵君观叹惊曰：真善知识也！投身忏悔。时天福（天复）四年七月三日也。"

图98 宝顶山大佛湾第21号柳本尊行化十迹图第五割耳 南宋

柳本尊结跏趺坐，右手持刀，左手拉耳，做割耳状。右上角立有浮丘大圣为之作证。铭文："第五割耳 /本尊贤圣令徒住/弥濛（牟），躬往金堂，金水行/化救病。经历诸处，亲往/戒敕，诸民钦仰，皆归/正教。于天福（天复）四年二月/十五日午时，割耳供养诸佛。感/浮丘大圣/顶上现身以为证明。"

四川安岳毗卢洞第1号柳本尊十炼图第五割耳　北宋

像高165厘米

图中结跏趺坐的柳本尊，右手执刀割耳，左手提耳。炼文云："第五割耳　本尊贤圣令徒弟住弥濛（牟），躬往金堂、金水行化救病。经历诸处，亲往戒敕，诸民钦仰，皆归正教。于天福（天复）四年二月十五日午时，割耳供养诸佛。感浮丘大圣顶上现身，以为证明。本尊教主，后于大唐宣宗皇帝在位，天福（天复）三年七月十日夜呼紫绶金章喟曰：吾今去矣，汝当久住，共持大教，所有咒藏咐嘱教授。说是语已，归于涅槃。即时虚空百千俱眩总持秘密摧邪显出护世威王，一切菩萨现，劝请惟愿教主久住说法，令诸末世离恶道苦。本尊曰：吾当引导开懵揭化弘持大教，化毕缘终，理归寂灭。法寿八十又四。一念皈依，获无量寿。"

图99 宝顶山大佛湾第21号柳本尊行化十迹图第六炼心 南宋

柳本尊仰卧于床，袒胸高枕，头东脚西，心窝处现一朵火焰以示炼心。柳本尊像右侧上方立大轮明王像，以示为之作证。铭文："第六炼心 /本尊贤圣于天福五年七月三/日，以香蜡烛一条炼心，供养诸/佛，发菩提心，广大如法/界，究竟如虚空/，令一切众生/永断烦恼，感/大轮明王现/身证明，一切/众生悉得惺（醒）悟。"

注：柳本尊行十迹圈中所刻铭文碑称"天福五年"或"天福六年"皆误，唐代唐昭宗在位时有"天复"，只行了三年（901—903），所谓"天福五年"或"天福六年"，应为"天祐二年"（905）或"天祐三年"（906）。

四川安岳毗卢洞第1号柳本尊十炼图第六炼心　北宋

像高145厘米

图中柳本尊游戏坐斜靠于凭几上，右手置膝上，左手执一串念珠，袒胸并现一团火焰。炼文云："第六炼心　本尊贤圣于天福（天复）五年七月三日以香蜡烛一条炼心，供养诸佛。发菩提心，广大如法界，究竟若虚空，一切众生永断烦恼。感大轮明王现身证明，一切众生，始得醒悟。大藏佛言：本尊是毗卢遮那佛，观见众生受大苦恼，于大唐大中九年六月十四日，于嘉州龙游县玉津镇天池坝现法身出现世间，修诸苦行，转大法轮。始于唐武宗敕赐额名毗卢院，永为引导之师。次，孟蜀主敕赐题名大轮院，长作皈依之地。宋神宗皇帝熙宁年敕赐号寿圣本尊院，永作救世医主。然梵敕赐，已经三朝。"

图100 宝顶山大佛湾第21号柳本尊行化十迹图第七炼顶 南宋

柳本尊结跏趺坐,双手合十,免冠,头顶上有一朵火焰。像右上侧立有文殊菩萨为之作证。铭文:"第七炼顶 /本尊贤圣于天福(天复)五年七月/十五日,本尊以五香捏就一条/腊烛,端坐炼顶,效/释迦佛鹊巢顶相,大光明王舍头布施。感/文殊菩萨顶上现身,/为作证明。"

四川安岳毗卢洞第1号柳本尊十炼图第七炼顶　北宋

像高170厘米

图中柳本尊结跏趺坐，面圆，卷发，左手抚膝，右手当胸捧经函，头顶上现一朵火焰。炼文云："第七炼项　本尊贤圣于天福（天复）五年七月十五日，以五香捍就一条蜡烛，端坐炼顶，效释迦佛鹊巢顶相，大光明王舍头布施。感文殊菩萨顶上现身，为作证明。"

图101 宝顶山大佛湾第21号柳本尊行化十迹图第八舍臂 南宋

柳本尊结跏趺坐,露左臂于腹前,右手持刀做砍状。左右各有一佛立于莲台上为之作证。铭文:"第八舍臂/本尊教主/于天福五年,/在成都玉津/坊道场内,/截下一/只左臂,/经四十/八刀方断,/刀刀发愿,誓救/众生,以应阿弥/陀佛四十八愿。顶/上百千天乐,不鼓/自鸣。本界厢吏谢/洪具表奏闻,蜀王/叹异,遣使褒奖。"

四川安岳毗卢洞第1号柳本尊十炼图第八舍臂　北宋

　　像高170厘米

　　图中柳本尊结跏趺坐，左手伸臂，右手执刀做砍状。炼文云："第八舍臂 本尊教主于天福五年，在成都玉津坊道场内截下一只左臂，经四十八刀方断，刀刀发愿，誓救众生，以应阿弥陀佛四十八愿。顶上百千天乐，不鼓自鸣。本界厢吏谢洪，具表奏闻，蜀王叹异，遣使褒奖。"

图102　宝顶山大佛湾第21号柳本尊行化十迹图第九炼阴　南宋

　　柳本尊头西脚东侧身仰躺于榻上，从阴部冒出火焰一朵，以示烧炼其阴，断其欲。上方有七宝盖罩体，足前立有一菩萨，手执如意，为之作证。铭文："第九炼阴　／本尊教主天福五年前十二月／中旬，马头巷丘绍得病身死／三日，皈依／本尊求救，合家／发愿若得再生，／剪发齐眉，终身／给侍。本尊具大悲心，以香水洒之，／丘绍立甦。于是丘绍夫妇／二女俱来侍奉，以报恩德，／不离左右。闰十二月十五日，／本尊用腊布裹阴，经一昼夜／烧炼，以示绝欲。感天降七宝／盖，祥云瑞雾，捧拥而来。／本界腾奏，／蜀王叹服。"

四川安岳毗卢洞第1号柳本尊十炼图第九炼阴　北宋

像高140厘米

图中柳本尊斜靠于床上,眇右眼,缺左臂,右手置于枕上,屈右腿,其间现一朵火焰,以示炼阴。炼文云:"第九炼阴　本尊教主于天福五年前十二月中旬,马头巷丘绍得病身死三日,皈依本尊求救。合家发愿,若得再生,剪发齐眉,终身给侍。本尊具大悲心,以香水洒之,丘绍立生。于是丘绍夫妇二女俱来侍奉,以报恩德,不离左右。闰十二月十五日,本尊用腊(蜡)布裹阴,经一昼夜烧炼,以示绝欲。感天降七宝盖,祥云瑞雾,捧拥而来。本界腾奏,蜀王叹服。"

图103 宝顶山大佛湾第21号柳本尊行化十迹图第十炼膝 南宋

柳本尊结跏趺坐,眇左眼,缺左耳,缺左臂空袖软搭于膝间,右手执念珠,两膝盖上各有火焰一朵。右侧立有一菩萨为之作证。铭文:"第十炼膝 /本尊贤圣,蜀王钦仰日久,/因诏问曰:卿修何道,自号/本尊?卿禀何灵,救于百姓?对曰:予精修日炼誓求无/漏无为之果,专持大轮五/部秘咒,救度众生。于天福六年/正月十八日,将印香烧炼两膝,/供养诸佛。发愿与一切众生,龙/华三会,同得相见。"

四川安岳毗卢洞第1号柳本尊十炼图第十炼膝　北宋

像高170厘米

图中结跏趺坐之柳本尊眇右眼，残左耳，缺左臂，右手结怖畏印，上燃一朵火焰，双膝上各现一朵火焰。炼文云："第十炼膝　本尊贤圣，蜀王钦仰日久，因诏问曰：卿修何道，自号本尊？卿禀何灵，救于百姓？对曰：予精修日炼，誓求无漏无为之果，专持大轮五部秘咒，救度众生。于天福六年正月十八日，将印香烧炼两膝，供养诸佛。发愿与一切众生，龙华三会，同得相见。"

图104　宝顶山大佛湾第30号牧牛图　南宋

像高455厘米，全像长2700厘米

牧牛图共分十组。第一组未牧，第二组初调，第三组受制，第四组回首，第五组驯服，第六组无碍，第七组任运，第八组相忘，第九组独照，第十组双泯。图首刻有"朝奉郎知润州赐紫金鱼/袋杨次公证道牧牛颂。"以此可见，牧牛图是依据北宋文人杨杰（字次公，号无为子，生卒年不详）所做的《证道牧牛颂》而雕刻的。这一铺禅宗题材的摩崖造像在全国其他石窟和摩崖造像中都绝无仅有的。

图105 宝顶山大佛湾第30号牧牛图
第一组未牧 南宋

第一组未牧图刻一牧童紧拉牛绳，图右上壁刻有颂词："突出栏中不奈何，／若无绳绻总由他；／力争牵尚（上）不回首，／只么因循放者多。"

图106　宝顶山大佛湾第30号牧牛图第二组初调　南宋

　　第二组初调图刻竹林下一背负斗笠的牧童左手紧拉牛绳,右手举鞭,右旁一牛回首。颂词已风化模糊,仅可识"头角往/时□……/"。

图107 宝顶山大佛湾第30号牧牛图第三组受制 南宋

第三组受制图上部刻一牧童右手牵牛绳,左手挥鞭赶西行。颂词为:"芳草绵绵信自由,/不牵总是不回头;/虽然暂似知人意,/放去依前不易收。"

**图108　宝顶山大佛湾第30号牧牛图第四组
回首　南宋**

　　第四组回首图左上岩间刻一牛回首，右下刻一牧童头戴斗笠，腰系圆形鸟笼，左手系牛绳上举执斗笠沿，右手抓岩向上攀登。颂词："牵回只似不同群，／放去犹疑性未（止）；／取放未能忘鼻索，／（放）放者空。"

图109 宝顶山大佛湾第30号牧牛图第五组驯服、第六组无碍 南宋

第五组和第六组合刻在一起。图刻二牧童手系牛绳互相搭肩耳语,第五组的颂词:"放去收来只自由,/鼻头绳芯(亦当)□;/虽然立(意)□□□,/步步由(自)不放伊。"第六组颂词:"放来霞似会人(言),/□□□侵更(可)怜;/坐看□绿全不顾,/由有绳绖虑狂颠。"

图110　宝顶山大佛湾第30号牧牛图第七组任运　南宋

　　第七组任运图左上方刻一无鼻绳之牛行走山岩间，右下方刻一牧童左手提绳，右手指向前。颂词："牛鼻牵（空鼻无）绳，/水草由来性自任；/涧下岩前（无定止），/朝昏不免要人寻。"

图111　宝顶山大佛湾第30号牧牛图第八组相忘　南宋

　　第八组相忘和第九组独照合刻在一处。图刻一老牧牛者身披蓑衣，依岩而坐，双手握笛吹奏牧歌，老者身后有一头无鼻绳的牛昂头接饮山泉。老者右旁有一只白鹤，再右为一牧童，头偏左，手拍足踏而坐，似乎在听老者的笛声。其右下刻一俯首舔蹄的牛。第八组相忘颂词："万象忘机无所得，／牛身全白尾由黑，／（比）霞千（颂故）其中，／□坐孤岩谁取则。"

图112 宝顶山大佛湾第30号牧牛图第九组独照 南宋

第九组独照颂词:"全身不观鼻嘹天,/放者无拘坐石巅;/任是雪山香细草,/由疑不食向人前。"

禅宗以"牧牛图"来比喻禅观的修证过程,即以牛来比"心",以牧人比修行者,通过牧牛人训牛的过程比作"调伏心意",借以达到"见性成佛"。

唐代宗意禅师有《牧牛十诗》,宋代师远禅师有《十牛颂》,廓庵禅师有《牧牛图颂》,杨杰有《牧牛证道歌》,明代普明禅师有《牧牛图颂》等,诗句均大同小异。但十种境界是相同的,即(1)未牧(心不安定);(2)初调(最初训练);(3)受制(自我控制);(4)回首(反省觉照);(5)驯服(调伏平衡);(6)无碍(心灵自由);(7)任运(自在生活);(8)相忘(清净心智);(9)独照(开悟见性);(10)双泯(或双忘,涅槃解脱)。

图113 宝顶山大佛湾第30号牧牛图第十组双泯 南宋

第十组双泯图刻一牧童胸腹袒露,仰卧于岩石上,右手枕头,左手拂袖遮顶,其头后树上倒挂一小猴用爪戏弄牧童衣袖。牧童左侧有一头牛俯卧于岩石上。颂词:"高卧烟霞绳放收,/牧童闲坐况无忧;/欲寻古(尊)□踪□,/去住人间得自由。"

图114 宝顶山大佛湾第29号圆觉道场全景 南宋

窟高602厘米，宽955厘米，深1213厘米

洞口甬道内左壁上方楷刻"报恩圆觉道场"六字，署款"朝散大夫知昌州军州事借紫覃怀孝书"，右下方竖刻"宝顶山"三个大字，署款"邛州魏了翁书"。其他碑文略。

窟中正壁刻三身佛，正中刻法身佛毗卢遮那，左侧刻报身佛卢舍那，右侧刻应身佛释迦牟尼，均结跏趺坐于须弥座承托之莲台上，各结其印。窟内左右各刻六菩萨，合为十二圆觉菩萨。左壁由内向外依次是：文殊菩萨、普眼菩萨、弥勒菩萨、威德自在菩萨、净业障菩萨、圆觉菩萨；右壁由内向外依次是：普贤菩萨、金刚藏菩萨、清净慧菩萨、观音菩萨、普觉菩萨、贤善首菩萨；正壁三身佛前刻一向佛问法之菩萨，以示十二圆觉菩萨轮流向佛问法。

图115　宝顶山大佛湾第22号十大明王龛马首明王像　南宋

　　像高176厘米，肩宽88厘米

　　马首明王为半身像，三面四臂，怒目张口，头发上冲现一马首。上两臂：左手托环，右手持葡萄；当胸二手捧一物（已残毁）。从马首明王额间化出一朵祥云，其上坐观音菩萨，以示其本身像。图上铭文："第三　马首明王观世音菩萨化。"

图116 宝顶山大佛湾第22号十大明王龛降三世明王像 南宋

像高190厘米，肩宽70厘米

降三世明王半身像，三面六臂，怒目张口露獠牙，头发上冲，裸上身。上两臂：3左手举山形物，右手执鞭；中两臂：双手当胸结内缚印；下两臂：左手托物（已残），右手执剑。从额间化出祥云，上坐金刚手菩萨，其旁刻铭文："第五 降三世明王金刚手菩萨化。"

据《金刚顶瑜伽经》："诸佛、菩萨依二种轮，现身有异。一者法轮，现真实身，所修行愿，报德身故；二者教令轮，现忿怒身，由起大悲，观威猛故也。"这里所谓"教令轮，现忿怒身"，即指菩萨受佛之教令而化现忿怒威猛之明王形象。唐代密宗开始出现了八大菩萨的教令轮身为八大明王之说，并认为这种忿怒威猛的明王可以佛的智慧与光明降伏众魔以及摧破众生的烦恼业障。迷于"三毒"（即贪、瞋、痴）的众生，观明王像，即可获得解脱，这便是供养明王像的原因。

云南剑川石钟山石窟石钟寺区第6号八大明王堂石雕八大明王像，是依据唐代达摩栖那译《大妙金刚大甘露军拿利焰鬘炽盛佛顶经》刻的，造像时代为南诏末期至大理国初期（相当于唐末五代），是中国石窟雕塑中绝无仅有的。重庆大足宝项山大佛湾第22号十大明王像，依据宋代法贤译《佛说幻化网大瑜伽教十忿怒明王大明观想仪轨经》所刻，造像时代为南宋末期，也是中国石窟雕塑中绝无仅有的。前者为刻于佛殿窟中的八大明王坐像，后者为刻于摩崖造像上的半身像；前者精细，体量略小，内容丰富；后者粗犷，体量大，气势恢宏，两者的艺术风格各有不同，但后者世俗化、地方化更加强烈。

| 1 | 2 |

1.云南剑川石钟山石钟寺区第6号八大明王堂六足尊明王　南诏末期到大理国初期
2.云南剑川石钟山石钟寺区第6号八大明王堂降三世明王　南诏末期到大理国初期

1	2
3	

1.云南剑川石钟山石钟寺区第6号八大明王堂无能胜明王　南诏末期到大理国初期
2.云南剑川石钟山石钟寺区第6号八大明王堂大轮明王　南诏末期到大理国初期
3.云南剑川石钟山石钟寺区第6号马头明王　南诏末期到大理国初期

1
2
3

1. 云南剑川石钟山石钟寺区第6号八大明王堂大笑明王　南诏末期到大理国初期
2. 云南剑川石钟山石钟寺区第6号八大明王堂步掷明王　南诏末期到大理国初期
3. 云南剑川石钟山石钟寺区第6号八大明王堂不动尊明王　南诏末期到大理国初期

注：八大明王图片引见刘长久《南诏和大理国宗教艺术》

◀ 图117　宝顶山大佛湾第22号十大明王龛不动金刚明王像　南宋

　　像高200厘米，肩宽85厘米

　　不动金刚明王半身像，三面四臂，怒发上冲，双目圆瞪，獠牙上出，裸上身。上两臂：双手屈肘握拳；下两臂：左手置口内咬指，右手置腹侧。从额间化出祥云托除盖障菩萨（已毁），以示本身像。旁刻铭文已残毁，似为"不动金刚明王除盖障菩萨化。"（注：旧称此像为"大忿怒明王"。）

▲ 图118　宝顶山大佛湾第22号十大明王龛大威德明王像　南宋

　　像高190厘米，肩宽70厘米

　　大威德明王半身像，三面四臂，怒目张口，獠牙上出，头发上冲。上两臂：左手举印，右手举金轮；下两臂：双手当胸合十，额间化出祥云上坐一佛，即本身像金轮炽盛光佛。旁刻铭文："第九　大威德明王金轮炽盛光如来化。"

图119　宝顶山大佛湾第22号十大明王龛大火头明王像　南宋

像高160厘米，肩宽85厘米

大火头明王半身像，三面四臂，竖发怒目，裸上身。上两臂：左手举宝铎，右手持物（已残毁）；下两臂：双手当胸拱揖。头顶上方现一小坐佛，即本身像卢舍那佛。铭文为："第十　大火头明王卢舍那佛化。"

图120 宝顶山大佛湾第22号十大明王龛大秽迹金刚明王 南宋

像高205厘米，肩宽120厘米

大秽迹金刚明王半身像，三面六臂，竖发怒目，獠牙上出。上两臂：左手举金轮，右手持鞭（已残）；中两臂：双手当胸合十；下两臂仅凿出粗形。头上方铭文："大秽迹金刚本师释迦牟尼佛化。"

图121　宝顶山大佛湾第22号十大明王龛大笑金刚明王　南宋

像高200厘米

大笑金刚明王半身像，三面四臂，竖发怒目，獠牙上出。上两臂：左手举环，右手托一菩萨；下两臂：左手托钵，右手当胸执珠。该像虽未精雕但已见出以形传神的意蕴。未刻铭文："大笑金刚明王虚空藏菩萨化。"

图122　宝顶山大佛湾第22号十大明王龛无能胜金刚明王　南宋

像高160厘米

无能胜金刚明王半身像仅凿出粗形，尚未精雕细刻，三面六臂，怒目张口。上两臂：左手举环，右手握蛇头；中两臂：左手托珠，右手执物无可细辨；下两臂：双手当胸抱拳。其本身像和铭文均未刻出，似为："无能胜金刚明王地藏菩萨化。"

▲ 图123　宝顶山大佛湾第22号十大明王龛大轮金刚明王　南宋

像高170厘米，肩宽86厘米

大轮金刚明王半身像仅凿出粗形，三面六臂，怒目张口，獠牙上出。上两臂：右手举宝扇；中两臂：左手握金轮，右手有蛇缠绕；下两臂：双手当胸。头顶化出一道毫光至左侧现一菩萨坐像，是其本身像。铭文尚未刻出，似为："大轮金刚明王慈氏尊化。"

▶ 图124　宝顶山大佛湾第22号十大明王龛步掷金刚明王　南宋

像高160厘米

步掷金刚明王半身像仅凿出粗形，两面四臂，竖发怒目，獠牙上出。上两臂：左手托印，右手举金刚杵，有二蛇缠绕；下两臂：双手当胸。未刻出本身像及铭文。铭文似为："步掷金刚明王普贤菩萨化。"

南山摩崖造像

南山摩崖造像位于重庆市大足区城南约 2 公里处的南山（古称"广华山"）上，开创于南宋绍兴年间（1131—1162）。

现存龛窟通编为 15 号，大小造像 500 余躯，另有游人题记、诗词题刻及碑碣共 27 件。

南山摩崖造像是大足著名的道教石刻造像点，1996 年经国家文物局核定归入全国重点文物保护单位北山摩崖造像。

图125　南山第5号三清洞正面造像　南宋

窟高391厘米，宽508厘米，深558厘米

窟的中心柱正壁上层刻主像三清神，正中为玉清境元始天尊，左侧为上清境灵宝天尊，右侧为太清境道德天尊。三像均面有三绺长须，头戴束发莲花冠，身着道袍，项后均有火焰纹头光和身光。元始天尊双手放于三角夹轼上，灵宝天尊双手捧如意，道德天尊左手抚膝，右手持宝扇。三像头顶上方均悬有圆形珠帘宝盖，正中宝盖放出四道毫光，正中二道毫光圈内坐有老君像。

上层左右壁中部及下层左右壁内侧刻有四御：玉皇大帝、紫微大帝、勾陈大帝、后土皇祇，均头戴冕旒，两耳侧悬黈纩（tǒu kuàng，以黄绵缝制的小球悬于冠冕之上，垂于两耳旁，表示不欲妄听是非），双手捧玉珪，足登乌，坐于龙头背椅上。

中心柱左壁开有两龛。上龛刻"玉帝巡游图"，下龛刻"春龙起蛰图"。

全窟左壁、右壁及后壁基台上方分为六层，刻360尊应感天尊像，现存231尊，余皆毁坏。

窟左、右壁外侧各浮雕六个小圆龛，分别刻有马、蟹、狮、秤、蜥蜴、净瓶、人像等，合为"黄道十二星宫"。

中心柱下层有一供桌，桌后正壁左端有铭记："舍地开山造功德何正言同杨氏"；右端铭记："开山化首凿洞张全一同赵氏"。桌前刻有二男二女供养人。鉴此，比对北山北塔内第七层中的题记，可知"三清古洞"开创于南宋绍兴年间（1131—1161）。

该窟不仅是大足道教石窟最大的一窟，而且也是道教神明最多的一窟。

图126 南山第5号三清洞三清像 南宋

三像坐身高50厘米，肩宽16厘米

"三清"作为道教的最高尊神始于南北朝末期，即指居住在清微天玉清境的元始天尊，居住在禹余天上清境的灵宝天尊，居住在大赤天太清境的道德天尊。刻于三清古洞中心柱正壁上层的三清像，居中者为元始天尊，头戴莲花冠，面有三绺胡须，身着道袍，盘坐于束腰矩形台座上，双手放置于三角夹轼上。居左者为灵宝天尊，装束服饰与元始天尊相同，双手捧如意。居右者为道德天尊，装束、服饰、坐式与元始天尊相同，左手抚膝，右手执宝扇。

图127 南山第5号三清洞360应感天尊 南宋

该窟左、右、后三壁台基上方分为六层,共刻有360躯应感天尊立像,文者捧笏,武者拱揖并横置兵器,姿态不一。现仅存213躯完好,余皆毁坏。

▲ 图128　南山第5号三清洞玉帝巡游图　南宋

龛高160厘米，宽175厘米

该龛位于中心柱左壁上层。玉帝头戴冕旒，身着宽袖袍，双手捧玉珪，立于云端上。其前后及上方分三层刻19躯侍者，有持华盖，有执日月宝扇，有举幡、旌、幢的仪仗，有执玉笏的随从，也有捧盘、瓶的儿童。

▶ 图129　南山第5号三清洞春龙起蛰图　南宋

龛高160厘米，宽119厘米

该龛位于中心柱左壁下层。龛内刻一龙，回首昂起，一前爪举一珠，三爪踏于山石上。龛右上角刻一男像，手捧香炉面向腾龙。

石门山摩崖造像

石门山摩崖造像位于重庆市大足区城东 20 公里处的石马镇新胜村，
开创于北宋。

石门山摩崖造像分布于圣府洞和陈家岩两处，
现存龛窟通编为 16 号，大小造像近 500 躯，
另有宋代碑刻题记 19 件、清代碑刻题记 1 件。

造像题材以道教内容为主，
兼有部分佛教题材造像。
其中第 2 号玉皇大帝龛中的"千里眼""顺风耳"，
第 7 号五显大帝和第 11 号东岳大生宝忏经变，
在中国其他石窟中极为鲜见。

1996 年，经国家文物局核定归入全国重点文物保护单位宝顶山摩崖造像。

图130　石门山第2号玉皇大帝龛
南宋绍兴十七年（1147）

　　龛高82厘米，宽93厘米，深39厘米

　　该龛主像为玉皇大帝，面圆有须，头戴冕旒，鞋纩护耳，身着圆领宽袖大袍，外罩对襟衣披，双手捧玉珪，端坐于云头靠背椅上。其左右侧各立一侍者举长柄日月宝扇。龛外下部左右各立一像，左为千里眼，右为顺风耳。千里眼左下侧刻有一年老男供养人，右上方题记："男杨伯高（伏为）故先考杨文忻镌造真/容一身（供养，其故父享）/年八十岁，于丙寅绍兴/十六年十月二十六日/辞世，丁卯二月十三日记。"顺风耳右上方题记："弟子杨伯高为（故）父杨文忻存日造此二/大将，向正界，至丁/卯十月二十六日庆。"

220

图131 石门山第2号玉皇大帝龛千里眼、顺风耳 南宋绍兴十七年（1147）

两像均高182厘米，肩宽42厘米

位于龛外左右两侧，左为千里眼，瞪眼张口，头戴束发箍，上身着短兜，下着护腿，右手当胸持物，左手握双尖刃长矛。右为顺风耳，面目狰狞，竖大耳似听状，上着短兜，下着护腿，左手已残损，右手于腹前似握一蛇。

图132　石门山第6号西方三圣与十圣观音
南宋绍兴十一年（1141）

　　窟高302厘米，宽350厘米，深579厘米

　　窟内正壁刻西方三圣，居中为主尊阿弥陀佛，结跏趺坐于莲座上，头顶有高螺髻，着通肩大衣，双手当胸结印，项后有莲瓣形身光和圆形头光。从头顶化出四道毫光由窟顶飘出窟外，毫光圈中，或刻小坐佛，或刻有大宝楼阁。

　　主像左侧为观音菩萨，右侧为大势至菩萨，均结跏趺坐于金刚台上。

　　窟内左右壁各刻五观音主像，合为"十圣观音"，每个观音上方均刻有造像题记，现大多已风化不辨。左壁窟门处刻善财功德，右壁窟门处刻献珠龙女。

　　窟门外刻四天王立像。

图133　石门山第6号西方三圣与十圣观音右壁造像　南宋绍兴十一年（1141）

　　从内至外依次为：（1）宝珠手观音；（2）宝镜手观音；（3）莲花手观音；（4）如意轮观音；（5）数珠手观音。

图134　石门山第6号西方三圣与十圣观音左壁造像　南宋绍兴十一年（1141）

从内至外依次为：（1）净瓶观音；（2）宝蓝手观音；（3）宝经手观音；（4）宝扇手观音；（5）杨柳观音。

五显大帝，又称华光大帝、灵官马元帅等，是中国民间信仰和道教之神。在民间信仰盛行的福建、广东、台湾、澳门、江西一带，五显大帝既作为"火神"，又作为"财神"来信仰。

《三教源流搜神大全》二卷"五显始末"："按祖殿灵应集云：五显公之神在天地间相与为本始，至唐光启中乃降于兹邑。图籍莫有登载，故后来者无所考据。惟邑悼耄口以相传，言邑民王喻有园在城北偏，一夕园中红光烛天，邑人麇至观之，见神五人自天而下，导从威仪如王侯状，黄衣皂涤坐胡床，呼喻言曰：吾授天命，当食此方，福佑斯人……喻拜首曰：惟命。言说祥云四方，神升天矣。明日邑人来相宅……佳处也。乃相与手来，斩竹薙草作华屋，立像肖貌揭虔安灵。"

《古今图书集成·神异典》卷五十四："其实五显者，五行耳。"《太上洞玄灵宝五显灵官华光本行妙经》说："此灵官五大天帅，禀五星炁之精，毓五方灵之秀，化身三界，应现十方。""三天境内，有灵官大圣……或现一身，或显五相……"陶及申《笔猎》又说："五显即五帝，实司五行，避帝而称显者，其诸神之通谓也。"可见是司五行之神。明代余象斗《南游记》中说：五显本是释迦佛法堂前的一盏莲花油灯，经释迦佛施法，将其化为人身，并赐他"五通"，即一通天，天中自行；二通地，地中自裂；三通风，风中无影；四通水，水中无碍；五通火，火里自在。后投胎于马耳山马氏金母，生下一子，脸有三眼，取名三眼华光天王。

五显信仰盛于宋元时期。巴蜀地区的五显信仰，据《四川通志》卷三十五"舆地志·祠庙二"载：重庆府长寿区，华光庙在县前，即五显庙。（顺庆府）南充市，五显庙在府治前，各州县多有之。同书"舆地志·祠庙三"：（龙安府）平武县，五显庙在城内。此外在成都，绥定（今达州市）等府亦有。

五通神与五显神是有区别的，五通乃妖邪之神，五显则为道教司五行之神或火神。据《夷坚志》载，五显神之事极多，但别于五通神，后世有五显、五通混淆之事。袁珂《中国神话传说词典》称："五显神盖即东岳泰山神之五子，其中第三子为炳灵王，炳灵王即《南游记》所写华光天王，亦即《三教搜神大全》所记灵官马元帅，俱为火神。五显庙初名'五通'，故五显神即五通神。然五通乃妖邪之神，非五显之比，盖皆民间流传之讹变。"因此，大足石门山第7号应称为五显大帝。

◀ 图135　石门山第7号五显大帝　南宋

龛高280厘米，宽124厘米，深39厘米

五显大帝，广额深目，狮鼻阔口，头戴束发金冠，身着圆领窄袖大袍，腰系带，左手当胸，右手置于身后，缺右腿，左腿独立于风火轮上。

228

四川安岳孔雀洞第10号孔雀明王经变窟　北宋

窟高470厘米，宽430厘米，深270厘米，主像通高430厘米

孔雀洞摩崖造像，位于四川安岳县城东南57公里双龙街乡孔雀村。开创于宋，现存窟龛10个，大小造像75躯。

窟内正中刻一圆雕孔雀，其上趺坐一头四臂之孔雀明王，头戴化佛宝冠，身着双领下垂大衣，胸饰璎珞，右上手已毁，左上手执莲蕾，右下手托贝叶经，左下手捧俱缘果（其果状似木瓜）。其左右侧各刻一双手合十之天王像。三壁右上方刻三头六臂火头明王，左刻四金刚，左上方刻六天人像。

◀ 图136　石门山第8号孔雀明王经变窟　南宋

窟高318厘米，宽312厘米，深231厘米

主像孔雀明王所乘孔雀及身光背屏直达窟顶构成中心柱。孔雀明王头戴高花冠，双耳珰，上着天衣，下着长裙，结跏趺坐于孔雀承驮之莲台上。上两臂：左手执经书，右手托如意；下两臂：左手执扇，右手握莲苞。项后有头光和身光。

窟后壁从上往下，第一层刻十罗汉；第二层刻三官员立像；第三层右刻二官员捧笏立于云上，中刻阿难立像，左刻莎底比丘匍匐于此。

窟左壁从上到下，第一层刻一佛二菩萨及三罗汉像；第二层刻阿素啰王与忉利天帝释斗战图；第三层刻一抱莲瓶女像，其左刻一捧笏官员，右刻一双手持物男像（头残）；第四层刻一捧笏官员，其左刻一武将，其右刻一四方亭阁，内坐一比丘。

窟右壁从上到下，第一层刻五罗汉立像；第二层似刻双手合十之女立像，左侧刻一单腿跪之头陀；第三层刻一武士双手拱揖立于云头上；第四层刻一双手捧盘之女像，右侧刻一捧笏官员立于云上；第五层刻一捧笏官员，右刻一武将，左刻一亭阁。

图137　石门山第9号诃利帝母龛　南宋

龛高163厘米，宽213厘米，深74厘米

诃利帝母，又称九子母、鬼子母等，出自《佛说鬼子母经》《诃利帝母真言经》《大药叉女欢喜母并爱子成就法》等佛经中所述形象。该龛基本上是依经仪轨所刻。诃利帝母凤冠霞帔，着华服，束玉带，左臂平举（手已残），右手拉住右膝上欲攀之儿童。其左侧刻一盘坐之乳娘正解衣奶儿，左下方立一儿童（已风化残损）；其右侧刻一女侍，其身下有一小儿。诃利帝母与女侍之间，上层立有二小儿，各自呈玩耍状。二小儿下方坐有一少年。

图138 石门山第10号三皇洞 南宋

窟高301厘米，宽390米，深780厘米

正壁刻天皇、地皇、人皇即"三皇"，均端坐于双龙头靠背椅上。天皇头上方刻有三小圆龛，每龛各刻一天尊，合为"三清"。地皇左上端正壁角处刻一双手捧笏之官员，人皇右侧右壁角中部刻一侍女。"三皇"像两侧左、右壁前各刻一护法神将像。

窟左壁上层刻二十八天人像，下层刻（除护法神将外）四位文官像。

窟右壁除壁首之护法神将外，其他像因壁毁而不存在。

▲ 图139　石门山第10号三皇洞三皇像　南宋

　　天皇像高240厘米，地皇、人皇像高201厘米

　　"三皇"均双手捧笏，端坐于双龙头靠背椅上，天皇居中，地皇居左，人皇居右。"三皇"均头戴平顶高方冠，冠侧垂縓纩护耳，内着圆口荷叶边领衫，外罩宽袖大袍，双足着靴踏于方几上。

▶ 图140　石门山第10号三皇洞左壁真武大帝像　南宋

　　真武大帝怒目张口，头戴束发箍，身着铠甲，左手牵袍袖，右手持剑，跣足踏于龟背上。

▲ 图141 石门山第10号三皇洞左壁护法神将 南宋

　　护法神将三头六臂，面目狰狞，头戴四方高顶束发冠，身着铠甲，足蹬战靴。上两臂：左手举印，右手摇铃；中两臂：左手持弓，右手握二箭；下两臂：左手抓龙头，右手挂宣花斧。

▶ 图142 石门山第10号三皇洞右壁护法神将 南宋

　　护法神将三头四臂，面目狰狞，头戴四方高顶束发冠，身着铠甲，足蹬战靴。

　　上两臂：左手当胸持物（已残），右手胸前挂剑（残）；下两臂：左手反握长矛，右手握拳砸于龙头椅上。

图143　石门山第10号三皇洞左壁文官像　南宋

文官面相清秀，颌下有须，头戴进贤冠，身着袍服，足穿云头靴，双手捧笏而立。

图144　石门山第10号三皇洞天曹判官像　南宋

天曹判官面相长圆，头戴展脚幞头，身着圆领袍服，双手当胸捧笏而立。

图145　石门山第11号东岳大生宝忏变　南宋

龛高240厘米，宽364厘米，深66厘米

龛内正中刻炳灵太子（东岳大帝的第三子）夫妇，端坐于双龙头靠背椅上，左为炳灵太子，头戴直脚幞头，身着饰有螭纹之圆领的宽袖袍，袖手置于膝上；右为炳灵太子夫人，凤冠霞帔，

身着命服，外罩对襟宽袖长袍，肩围帔帛，双手置于腹前。二像两侧各立一双手拱揖的侍童。二像身后及两侧分五排刻"七十五司像"，龛外下方正壁刻地狱变相图及"铁围山"三字，全图现已风化剥蚀。

在《正统道藏》洞玄部威仪类有《东岳大生宝忏》一卷，据此，该号造像题材应为"东岳大生宝忏变"。

石篆山摩崖造像

石篆山摩崖造像位于重庆市大足区城西南 20 公里处的三驱镇佛惠村石篆山上，开创于北宋。

现存龛窟共编为 10 号，大小造像 70 余躯，另有造像题记 6 件。

造像题材除儒、释、道三教合一内容外，第 6 号孔子及十哲像，这种纯粹以儒家为题材的造像，在中国石窟中实属罕见。

1996 年，经国家文物局核定其归入全国重点文物保护单位北山摩崖造像。

图146　石篆山第6号孔子及十哲像龛　北宋元祐三年（1088）

龛高194厘米，宽325厘米，深148厘米

龛内正壁居中刻文宣王孔子正襟危坐于双壶门纹方坛上，面方，头扎束发软巾，胸束带，身着圆领宽袖大袍，绅带垂于足间，足蹬高云头靴，左手抚膝，右手当胸握羽扇。孔子像两侧各刻五哲合为十哲，壁上从内至外分别刻有十哲姓名：左一至左五为颜回、闵损、冉雍、言偃、端木赐；右一至右五为仲由、冉耕、宰我、冉求、卜商。

龛外左右门柱上各刻一半身武士。

龛外左壁门柱上刻有一则题记:"元祐(戊辰岁孟)冬七日设水陆会庆赞讫,/发心镌造供养,弟子严逊愿/世世生生聪明多智。/岳阳处士文惟简/。"

尽管在中国传统文化中,儒家居于中柱地位,佛教和道教只是居于夹铺地位。但儒家并不像佛教那样主张"造像功德"说,顶多在文庙(孔庙)大成殿塑孔子像和十哲,或七十二贤像。可以说在中国石窟、石雕造像中,孔子及十哲像是绝无仅有的。

▲ 图147　石篆山第6号孔子及十哲像龛局部　北宋元祐三年（1088）

▶ 图148　石篆山第2号志公龛　北宋

龛高234厘米，宽254厘米，深127厘米

志公身微侧，头戴披风，身着交领宽袖袍，裸脚蹬靴，左手执角尺，腕挂铁剪，右手向后伸出二指。身后一弟子，短发齐耳，身着窄袖布长衫，双手扶担棍，其上前挂一方斗，秤及砣，后挂一扫帚。

志公是南朝梁时宝志禅师的尊称，据《高僧传》等记载：志公，俗姓朱，金城（今甘肃兰州）人。传说志公初居无定所，饮食无时，披发徒跣，着锦袍，执锡杖，往来皖山剑水间。常以剪尺、铜镜，拂子挂杖头，负子而行，川街而过。梁武帝崇信志公，请入宫中为梁皇祈雨，开药方。自此以后，备受尊崇，称之为"菩萨化身"。

图149　石篆山第8号老君龛　北宋元丰六年（1083）

龛高170厘米，宽343厘米，深192厘米

龛内正中刻老君，面相长圆，面有长髯，头戴束发莲花冠，身着圆领道袍，盘坐于束腰四方台上，台周遭布云彩，中刻一青牛（已残），胸前有三角夹轼（已残），左手扶于夹轼上，右手当胸持宝扇（已残）。其左右各刻七真人双手捧笏而立，左壁上刻"大法"二字，右壁上刻"真人"二字。龛外左右门柱上各刻一护法神将。

龛门柱上刻有题记一则："昌州……时/元丰六年癸亥闰六月二十二日记……"

图150　石篆山第9号地狱与十王龛　北宋绍圣三年（1096）

　　龛高180厘米，宽550厘米，深154厘米

　　龛内正中刻地藏菩萨，光头，面慈，着U字领大衣，内衣结带，左腿平屈于座，右腿下垂踏二小莲台，左手扶膝，右手当胸结说法印，项后有二道毫光汇聚成云。地藏身后左立一比丘双手拱揖，右立一女持手拄九环锡杖。

　　地藏两侧各刻两排像，前排刻五冥王坐像，后排刻七侍者。龛门各刻一现报司官。左侧从内到外依次为：（1）阎罗天子；（2）五官大王；（3）宋帝大王；（4）初江大王；（5）秦广大王。右侧从内到外依次为：（1）变成大王；（2）泰山大王；（3）平正大王；（4）都市大王；（5）转轮大王。

　　龛外门柱侧左右二壁各开一龛，均龛内刻一护法力士。

　　龛左壁门柱上刻有题记一则："绍圣三年丙子岁，岳阳文惟简镌，男居安，居礼记。"

247

后记

自20世纪80年代以来,我曾去大足县、安岳县考察石窟,并与时任大足县副县长宋朗秋,文管所负责人陈明光、郭相颖、邓芝金等商议如何推动大足石窟的研究和宣传,建议他们召开学术讨论会,成立大足石刻研究学会,出版相关书籍等,得到了他们的认同。在相互合作中,于1985年出版了《大足石刻研究》(自1949年以前到80年代海内外有关大足石刻研究的文集)、《大足石刻内容总录》(这是巴蜀第一本有关石窟内容的总录),这两本书的出版无疑推动了后来对大足石窟和整个巴蜀石窟的研究。

经批准,四川省社会科学院文学研究所成立了四川石窟研究课题组,由我任组长,胡文和、李永翘为组员,开展对四川石窟的调查和研究。我们先后陪同著名文艺理论家、美学家王朝闻,德国海德堡大学东亚艺术研究所雷德侯(Lothar Ledderose)、洪堡大学常志静(Flonian c. Reiter)、美国大都会博物馆东方部何恩之(Angela F. Howard)等专家,教授考察四川石窟。

1987年10月,我又调入四川省社会科学院哲学文化研究所(原为哲学研究所,因受当时文化热的影响改为哲学文化研究所,后又恢复为哲学研究所),除继续研究巴蜀石窟外,还兼有佛教哲学研究生导师的工作。

1992—2000年,我有幸参加由中宣部组织的20世纪国家重点出版工程《中国美术分类全集·中国石窟雕塑全集》相关工作,任编委会编委,主编并撰写该全集的"四川、重庆(不包括大足)卷"和"云南、贵州、广西、西藏卷",这为我全面、系统、深入研究西南地区的石窟奠定了坚实基础,并先后出版了《中国西南石窟艺术》《安岳石窟艺术》《南诏和大理国宗教艺术》等专著。

2011年,承蒙深圳天海集团董事长胡大林赞助,我前往印度、尼泊尔考察了以下佛教圣迹:迦毗罗卫国遗址(释迦牟尼的故乡)、蓝毗尼园(释迦牟尼的诞生地)、菩提伽耶(释迦牟尼六年苦修的地方)、伽耶城东方的尼连禅河(释迦牟尼放弃苦修入尼连禅河沐浴的地方)、巴特那地区王舍城竹林精舍和灵鹫山遗址(释迦牟尼说法的地方)、鹿野苑释迦佛初转法轮遗址、拘尸那迦城外娑罗双树林（释迦佛涅槃处）、吠舍离阿育王石柱、桑奇大塔、阿旃陀石窟、埃罗拉石窟，还参观了德里国家博物馆、加尔各答印度博物馆、马图拉政府博物馆、鹿野苑（新译萨尔纳特）考古博物馆等。这次考察使我对印度佛教石雕造像，特别是犍陀罗、马图拉、笈多式佛教造像有更深入的了解，有助于我弄清其对中国石窟造像的影响。

石窟研究属于佛教美术考古，是一门综合性的学科，涉及面广。首先涉及宗教（在中国主要是佛教和道教）历史，各宗各派要旨、义理、信奉的神系，民间信仰等诸多问题。其次涉及美术，因为石窟内的图像是用壁画、泥塑、石雕表现的，必须要对这些美术体裁的表现手法及其艺术风格和历史发展有较深入的了解，才能增强艺术审美和对造像时代的判断能力。再者涉及考古学的一些基本方法，如对龛窟的测绘，碑刻题记的摹拓，特别是标型学对龛窟形制的历史分期和造像题材的分类等。此外，对没有明确纪年造像的判断，除艺术风格、历史分期以外，还要借助于历代服饰、器物、建筑、风俗等加以比对来进行综合判定。记得1984年我曾赴新疆吐鲁番、拜城等地区的石窟进行考察，时遇北京大学考古系教授宿白的博士生晁华山，有一天中午吃饭时，他和我讨论有关石窟研究的一些问题，他十分强调运用考古标型学的方法来研究石窟，我则强调艺术研究方法，各执一端，谁都不服谁。其实研究方法应该是多元的，关键是要充分揭示石窟艺术的文化底蕴。

2019年，郭蜀燕、田苗苗、邹小工与我一起讨论出版"巴蜀石窟艺术丛书"事宜。计划先期出版两本，2021年再出版两本，由我负责撰写。这是一套学术性的图文画册，将前期出版的两本定名为《再创辉煌：中国晚期石窟的代表》（分为"安岳石窟"和"大足石窟"两册）。经过努力终于付梓，也算是为彰显中华文明、巴蜀文化尽一点绵薄之力吧。

首先，感谢四川省文物局局长王毅、博物馆处处长段炳刚等先生的大力支持和帮助。其次，感谢大足石刻研究院院长黎方银等先生为该书图片拍摄所提供的帮助。末了，感谢责任编辑郭蜀燕、于兰认真审稿，并对书稿内容提出了一些宝贵意见；感谢田苗苗、邹小工在该书的设计和组织方面所做的努力；感谢老朋友原大足文化馆专职摄影师李代才精心为本书图片拍摄所付出的辛勤劳动。

作者2020年11月30日于成都香月楠岸陋室